人際智商實驗室精心研發

和任何人都能
愉快相處的科學

魅力關鍵

信任跡象

性格線索

隱藏情緒

愛的因子

權力訊號

凡妮莎‧范‧愛德華茲 Vanessa Van Edwards —— 著　陳信宏 —— 譯

各界好評！

王介安（資深廣播人 / GAS 口語魅力培訓 ® 創辦人）、鄭匡宇（作家 / 演講家 / 主持人 / 製作人）、謝文憲（知名企業講師 / 作家 / 主持人）、iphone8ss（人氣作家 / PTT 名人）　心有戚戚焉推薦！

　　本書探討快速吸引人（魅力溝通）的方式，也探討人際互動的效能。作者用心理學及行為學的省思與研究，呈現許多有意思的結論，讓我們更有方法地建立人際關係，也更深入地去理解人際溝通是怎麼一回事。

　　我從事口語表達與人際溝通教學多年，書中的許多分析不僅和「GAS 口語魅力」的學術研究不謀而合，更有許多概念對我而言是一種全新的啟發。

　　這本書將讓我們在生活與工作中，更如魚得水地與人相處。

—— 王介安

　　很多人都沒有意識到這個殘酷的現實：你給人的第一印象、自己未來能否和眼前的人愉快相處，往往在你和對方談話的十秒鐘內就決定了！既定印象一旦形成，未來就很難扭轉了，所以初次見面時的穿著、姿勢、語調、用字遣詞和談話內容，便更加重要。凡妮莎・范・愛德華茲的這本書，能讓你一出場就贏得先機，讓自己在與人相處上總能左右逢源、無往不利。

—— 鄭匡宇

　　我雖然擅長公眾口語表達、演講與簡報，但面對陌生的社交場合，出道早年難免也會有人群恐懼症。

　　從不適應新環境，到結巴、躲在角落、不想說話、不想換名片、快閃離開等行為我都經歷過。我以為我是自然養成社會化能力，強迫自己適應新環境，看完本書後發現，作者的論點，跟我的行為竟不謀而合，所以迫不及待想要推薦給你，尤其是「5 分鐘─5 小時─5 天」的 555 策略，真的很有用。本書搭配圖表與論理，加上大量案例，非常值得一讀。　　—— 謝文憲

Contents

〈前言〉

讓你人際智商飆升的社交密技大全

嗨，我叫凡妮莎，是個康復中的彆扭症患者。

在學校舞會上，我總是自願擔任飲料區的工作人員。成長過程中，如果有酷孩子撞到我，我就會開始不受控制地打起嗝來。我家剛接網路時，我的第一個即時通訊好友是學校護士。二年級那年，我因為不想上體育課，對老師說我有更年期疼痛——要是那時有 Google 就好了。

在社交焦慮感特別嚴重的日子裡，我的蕁麻疹會在我走進校門之前發作，於是我只好穿上長袖長褲，以遮掩紅腫發癢的四肢皮膚。你大概也猜得到，我臉上和頭皮上的疹子對我的交友狀況更是一點幫助都沒有。

不過，我的人生也不是只有灰暗的一面。在情人節，老師都會送我卡片。

與任何人都能愉快相處的行為密技

如果說我天生缺乏人際技能，只能說這麼講太婉轉了點。我必須以辛苦的方式學得這種技巧，才能以簡單的方式教你。事情是這樣的：我很早就體認到我可以像準備數學或外語考試那樣學習人類行為。我製作了臉部表情抽認卡、找尋閒聊的模式，並試圖辨識我老師的隱藏情緒——不過最後這個做法有時不免為我惹來麻煩！

我閱讀了我找得到的所有關於人的書，包括心理學教科書、社會學研究著作，還有一切探討人類行為的書籍。最後，我開始設計自己的測試與實驗。在其中一項迷你實驗裡，我根據多巴胺研究的結果製作了談話開場白抽認卡，隨身帶在皮包裡，試用於陌生人身上，然後記錄他們的反應。在另一項實驗中，我試著採用黑猩猩的首領肢體語言，看看別人會不會仿效我（結果沒用）。還有另一項實驗：我在一場商業提案競賽裡運用了說服技巧，看看我

有沒有辦法操弄體制。

在一時突發奇想之下，我決定把自己扮演人類白老鼠的所有遭遇和心得記錄在「人的科學」（ScienceofPeople.com）這個部落格中。結果我驚喜地發現，我不是唯一一個在人際相處上遇到問題的人。隨著我們的文章開始在網路上散播開來、影片在網路上爆紅，我們受到了美國公共廣播電台、《企業》雜誌與《富比士》雜誌等媒體的注意，於是我們採取的獨特做法也因此獲得報導。我就是在那時決定進行規模更大的研究實驗，把「人的科學」這個部落格變成一座人類行為實驗室。

在我們的實驗室裡，每一項計畫都是先從找出最新的科學研究開始，然後再把那些研究轉變成真實生活中的實驗與策略。接著，我們與讀者及學生分享這些策略，讓他們測試。因此，本書裡的每一項技巧都經過數千名學生去蕪存菁——他們都在現實情境裡運用了這些技巧，並將結果回報給我們，以便修改得更完善。

這個方法是我們的獨門祕方：

第一步：找出引人入勝的研究。
第二步：設計可行的真實生活策略。
第三步：測試、修正、完善。
從頭再來。

我把這種做法稱為「行為密技」。過去八年來，我針對如何與任何人愉快相處發展出捷徑、公式和藍圖，我們的獨特做法經由工作坊及線上課程，傳授給了數百萬名學生。此外，我也曾幫助《財星》五百大企業的公司團隊增進人際智能、協助單身男女建立關係、幫助創業家利用奠基於科學的行為密技贏得提案競賽。全世界有許多人看過我為《哈芬登郵報》與《富比士》雜誌撰寫的專欄，以及到 CNN 電視台接受的訪問，因為他們都想改善自己的人際關係。

我們把所有的最佳研究結果簡化成一套普世適用的架構，寫成了這本書。本書會一章一章依序教你十四項行為密技，這些工具簡單卻強而有力，可讓你用來升級自己的事業、改善人際關係，以及增加收入。

你會從本書學到什麼？

本書會告訴你人是怎麼運作的。你如果明白什麼事物能激起別人的反應，就能優化自己的行為、互動與人際關係。在沒有架構的情況下試圖和別人愉快相處，有點像是在沒有公式的情況下試圖解答複雜的數學題。這兩種做法不僅都相當困難，也會帶來許多不必要的痛苦。本書會給你學校從來沒教的人際技能。

我們所有人雖然外表看起來各自不同，內在的運作其實相當類似——可預測性甚至高得令人訝異。**人類行為背後有一套潛藏的規則**，我們只須知道該去哪裡找出這套規則就行了。

本書第一部的重點在於幫助你掌握任何一場互動的**最初五分鐘**——與對方展開談話，並立刻創造出好印象。第一印象是我所能教你的一切的基礎。

在第二部，我會教你一些技巧，讓你在任何互動的**最初五小時**內更深入了解一個人。我為速讀別人及解譯行為建構的系統，不論是在你的頭五次約會或頭五次會議中都能對你有所幫助。我把這套系統稱為「人格矩陣」，你如果想要把一般的關係升級為更深層的關係，就需要運用這些技巧。

第三部的重點在於**最初五天**。為了更深入認識一個人，你必須學會影響別人、領導團隊，並增加你對你遇見的每個人的影響力。這是人際關係的終極層次，也是與人互動中最後、最進階的一步。

你還可以隨時注意「資訊補給站」，我們會在這些小欄位列出和書中內容相關的資料，也就是線上意見調查所得的結果。資訊補給站的版面呈現如下：

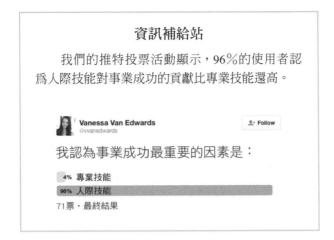

資訊補給站

我們的推特投票活動顯示，96%的使用者認
為人際技能對事業成功的貢獻比專業技能還高。

Vanessa Van Edwards
@vvanedwards   ✦ Follow

我認為事業成功最重要的因素是：

4% 專業技能
96% 人際技能

71票・最終結果

　　以下是我的承諾：學習人際技能將改變你的人生。**培養人際智商（PQ）
就像為你的成功添加催化劑。**看完本書後，你將能夠和你遇見的任何一個人
展開令人難忘的談話，也會懂得怎麼讓客戶、同事與朋友對你留下深刻的第
一印象。此外，你在所有的互動中都會擁有更多自信、掌控力與魅力。

　　・擁有高人際智商者，年所得平均比人際智商一般的人高出 29000 美元。
　　・90%的頂尖商業人士都擁有高人際智商。
　　・人際溝通能力強的人，快樂程度比別人高出 42%，人生也比較充實。

　　人際技能是人生的社交潤滑劑，一旦懂得人類行為的法則，一切都會變
得更加順利：

　　在**工作**方面，你會知道如何協商加薪、如何和同事拉近關係、如何在交
流活動中與人建立投契的關係、如何做出一針見血的電梯簡報。
　　在**社交**方面，你會讓人對你留下難忘的第一印象、減少人際關係中的摩
擦、擁有較深厚且充滿支持性的友誼，並和你遇見的每個人都相處融洽。
　　在**感情**方面，你會讓約會對象對你留下良好印象、避免誤會，並深化彼
此的關係。

結交朋友及影響他人確實有一套科學，學會這套科學將徹底改變你和人互動的方式。

你的人際智商成績

我設計了以下這份測驗，讓你測試自己的人際技能，或者也可以說是你的人際智商。這份測驗可以幫助你評估自己當下的人際智商程度。好消息是，人際智商可以被增進、延展、操控，不論你目前程度如何，你在本書中學到的每一項密技，都有助於提高你的人際智商。

我們在本書結尾會再做一次這份測驗，我的目標是幫助你把成績提高至少 50 分。

準備好了嗎？請作答。

人際智商測驗

1. 哪個微笑是真誠的笑？

A　B　C　D

2. 在交流活動中，站在什麼地方最好？
A. 會場入口附近。

B. 餐檯旁，這樣你就可以和別人一起坐下來享用餐點。
C. 吧台的出口處。
D. 在你認識的人身邊。

3. 這個表情代表什麼意思？

A. 莞爾。
B. 悲傷。
C. 煩悶。
D. 不屑。

4. 以下哪一句關於人的俚語最眞實？
A.「異性相吸。」
B.「物以類聚。」
C.「一粒老鼠屎壞了一鍋粥。」
D.「絕對不要忘恩負義。」

5. 我們的性格有多少程度是基因造成的？
A. 程度很低，我們的性格主要由我們接受的養育方式塑造而成。
B. 35％到 50％。
C. 55％到 75％。
D. 程度很高，我們的性格主要由遺傳與 DNA 形塑而成。

6. 要向別人表示你關懷他們，最好的方法是：

A. 對他們說他們為什麼那麼棒。

B. 送他們禮物。

C. 幫他們完成待辦事項清單上的工作。

D. 以上皆是。

E. 每個人不一樣。

7. 以下哪一句話最搭配這個表情？

A. 這裡頭有一股很怪的味道。

B. 我很生氣。

C. 我很困惑。

D. 我很害怕。

8.哪一個表情符號最能代表這個表情？

9.如果這個人走進你的辦公室，你對他會有什麼猜測？（提示：以下的
　性格評估只有一項是正確的。）

A. 他很內向。

B. 他很外向。

C. 他很放鬆。

D. 他很安靜。

10. 談論以下哪一種話題時，我們的大腦最活躍？

A. 迷戀的對象。

B. 最新的八卦。

C. 我們自己。

D. 最新的驚悚片。

11. 這個表情代表什麼意思？

A. 興奮。

B. 心花怒放。

C. 感興趣。

D. 驚訝。

12. 一般的談話中，人通常會有多少比例的時間保持目光接觸？

A. 31%。

B. 51%。

C. 61%。

D. 91%。

13. 讓別人和你達成共識的最佳方法是：

A. 向對方說一個故事。

B. 讚美對方。

C. 逗對方發笑。

D. 說一句出人意料的話。

14. 這個表情代表什麼意思？

A. 驚訝。

B. 仇恨。

C. 恐懼。

D. 困惑。

15. 以下哪一種習慣最令人惱火？

A. 話太多。

B. 太安靜。

C. 表裡不一。

D. 愛炫耀。

16. 人會願意花比較多錢買以下哪一種東西？

A. 朋友也有買的東西。

B. 醫生推薦的東西。

C. 合乎自身性格的東西。

D. 自己訂做的東西。

17. 剛認識一個人時，你最不可能準確猜測到：

A. 對方有多外向。

B. 對方有多容易擔憂。

C. 對方能否開放心胸接受新觀念。

D. 對方的智商。

E. 對方做事多有條理。

18. 你的新同事做出以下哪項行為，最能讓你知道對方是個神經質的人？

A. 張貼勵志海報。

B. 上班第一天的每一場會議都提早到場。

C. 立刻向你自我介紹。

D. 等你先自我介紹。

19. 這個表情代表什麼意思？

A. 尷尬。

B. 困惑。

C. 惱怒。

D. 憎惡。

20. 讓別人感覺自己 _____，最能令他們心情好轉。

A. 受到奉承。

B. 充滿魅力。

C. 受到重視。

D. 充滿力量。

解答

現在要來檢查答案了。請對照每一題的解答，答錯 0 分，答對得 10 分。

1. C 　____ 分（第六章）

2. C 　____ 分（第一章）

3. D 　____ 分（第六章）

4. B 　____ 分（第五章）

5. B 　____ 分（第七章）

6. E 　____ 分（第八章）

7. B 　____ 分（第六章）

8. D 　____ 分（第六章）

9. B 　____ 分（第七章）

10. C 　____ 分（第四章）

11. D 　____ 分（第六章）

12. C 　____ 分（第二章）

13. A 　____ 分（第十章）

14. C 　____ 分（第六章）

15. C 　____ 分（第一章）

16. D 　____ 分（第十一章）

17. B 　____ 分（第七章）

18. A 　____ 分（第七章）

19. D 　____ 分（第六章）

20. C 　____ 分（第九章）

合計得分：
你的人際智商成績＝＿＿＿＿＿

記下這個分數。到了本書結尾，你會遠遠超越這個分數。

・0 到 50 分

我真高興你願意看這本書！我當初就是從這樣的程度起步，而我已經等不及要幫助你展開這場冒險之旅了。做好準備，重大改變即將來臨。

・51 到 100 分

你沒問題的。實際上，這是大多數人的程度。不過，你我都知道你不是一般人。你不同凡響，而現在該展現出這一點了。

・101 到 150 分

你的基礎很不錯。你已經擁有不錯的人際智能，但不錯絕對不夠。讓我們把不錯變成超強吧！

・151 到 200 分

哇，哇，臭屁鬼，你是天生好手！如果你已經這麼善於和人相處，想像一下這本書可以幫助你達到什麼樣的程度。跟著我一起說：「世界無敵。」

測驗中有些答案是不是出乎你意料之外？本來就該如此！

我們對驅動人類行為的許多基本力量都不了解，可是別擔心，我在後續的每一章都會說明每一種力量背後引人入勝的研究。

Part
1

最初五分鐘

不論你是要去參加喬遷派對、交流活動，還是初次約會，一開始都會面對同樣的挑戰：

　　・我要如何留下良好的第一印象？
　　・我該和誰說話？
　　・我該說些什麼？

　　第一部的重點放在一場互動的**最初五分鐘**。如何運用第一印象、談話開場白及自我介紹去認識一個人？頭五項行為密技的重點在於利用引發別人興趣的事物，讓你成為場子裡最令人難忘的人。

Chapter 1

掌握主控權
如何在社交場合中贏得人心

　　從前有個叫哈利的男孩，因為戴著厚片眼鏡、一副書呆樣，而被人取笑。到了該上大學的年紀，他卻因為必須幫助家計而去打工，包括到一家鐵路建設公司擔任計時員，以及到一家藥局擔任貨架清潔員。沒有人想得到，這個害羞的男孩有一天會成為美國第三十三任總統。

　　哈利‧杜魯門的故事之所以令人吃驚，是因為他不符合刻板印象中那種老大模樣的總統性格。一九四四年七月十九日，這點造成了問題。杜魯門當時正在民主黨全國代表大會上爭取副總統提名，這是他職業生涯中最大的機會，可是勝算不大。當時的總統小羅斯福已經公開支持他的競爭對手亨利‧華萊士，華萊士不但是天分過人的演說家，而且是現任副總統。

　　杜魯門不是有天分的演說家，他自己心知肚明。他的團隊必須把戰場轉移到主要舞台之外，才能讓杜魯門在這場大會中發揮長處，也就是一對一建立關係。那一整天，他們一再把黨代表拉進舞台下一間有冷氣空調的私人會議室裡。大會會場極為悶熱，所以黨代表聆聽杜魯門推銷自己時，可說是感受到了實實在在的清新氣息，並逐漸冷靜下來。接著，他又花了幾小時站在走廊盡頭，向每一個經過的黨代表握手致意。與其回到飯店房間等待結果（華萊士和其他大多數候選人通常都是這麼做），杜魯門卻買了一份熱狗，和他太太一起坐在聽眾席。

　　第一輪投票，華萊士獲得 429.5 票，杜魯門獲得 319.5 票。現場立刻決定進行第二輪投票，杜魯門必須贏取朋友，且速度要快。與其發表一場堂皇的演說，杜魯門和他的團隊卯足全力，針對黨領導人、代表及群眾中富有影響力的成員，一一爭取支持。他與正確對象建立了穩固的關係，再由他們**幫**他說服手底下的人。

　　晚上八點十四分，投票結果宣布，杜魯門以 1031 票遙遙領先華萊士的 105 票。他在短短幾小時內爭取到 712 票。幾分鐘後，杜魯門發表了史上數一數二簡短的提名感言。他站在麥克風前，耐心等到群眾的歡呼聲終於逐漸平靜下來之後，才說：「請給我機會說話。」

　　杜魯門明白自己的長處所在，也善加運用。他以最有機會成功的方式與人互動，你也可以這麼做。

假裝的科學

　　假設你的夢想是打職業籃球。你的速度很快，控球技巧絕佳，身高 188 公分，要進軍職籃，你有兩個選擇：你可以打中鋒，但 NBA 中鋒的平均身高是 210 公分，如果打中鋒，你就必須在比賽中穿厚底鞋增加身高，並額外投注許許多多時間練習垂直跳躍；或者，你也可以打控衛，而控衛的平均身高恰好是 188 公分，這麼一來，你就不必藉著練習跳躍彌補身高的不足，而可以單純專注於打球。

　　假裝外向就像穿著厚底鞋打中鋒。在社交上假裝善於和人相處，直到自己真的精通人際技能為止，不但必須額外付出許多精力，實際上也不管用。此外，這種做法還會讓人覺得你表裡不一。

　　在一項調查裡，我們向 1036 位讀者提出以下這個問題：

別人的哪一種習慣最讓你覺得惱火？
A. 話太多。
B. 太安靜。
C. 表裡不一。
D. 愛炫耀。

　　你猜得到是哪個選項勝出嗎？「C. 表裡不一」以 63％ 的得票率遠遠超越其他選項。「D. 愛炫耀」雖然排名第二，得票率卻僅有 22％。

　　表裡不一不只在你想要假裝出和自己本性不符的模樣時才會發生。你如

果不喜歡某人，對方感覺得出來；你在一場活動中如果不開心，別人也感覺得到。**勉力為之，刻意假裝，想要靠這種方法產生效果，實際上根本沒用。**

　　芭芭拉‧懷爾德博士與她的同事發現，人的情緒有感染性。她的團隊首先讓受試者看開心或悲傷面容的圖片，然後讓他們做一系列情緒測驗，結果發現，受試者會被每一張圖片裡的情緒「感染」。很簡單，看見開心的面容之後，受試者會產生比較正面的心情；看見悲傷的面容，受試者就會產生比較負面的感覺。最令人難以置信的還在後頭：每張圖片只閃現五百毫秒！只有五百毫秒，受試者根本來不及意識到自己看見了一張臉，卻還是感受到了其中的情緒。

　　懷爾德博士甚至發現，人的微笑肌肉往往會無意識地模仿周遭的微笑。我們在快樂的人身旁比較快樂，和充滿活力的人相處也會比較有活力。如果強迫自己參加你一點都不想參加的活動，不但會覺得很痛苦，**你的痛苦還會感染他人。**

　　你以為可以藉著假裝弄假成真嗎？別傻了！我們遠遠就能辨識出硬擠出來的假笑。超過 4361 人接受了我們的線上肢體語言測驗，測試自己的非語文智力。在其中一個問題裡，我們把一個真誠的微笑混在三個假笑中，結果86.9％的受試者都能正確挑出那個真誠的微笑。

　　芬蘭大學的研究人員向一群人展示假笑的照片，再向另一群人展示真誠微笑的照片，像這樣：

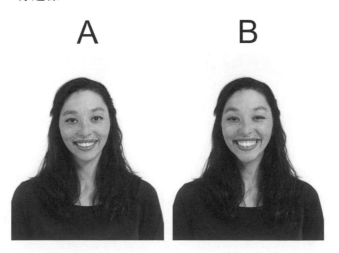

你猜得出哪個微笑是真的，哪個是假的嗎？圖 A 是假笑，圖 B 是真誠的微笑。

受試者看見真誠的微笑之後，就會出現正向的情緒變化；但受試者如果看見假笑，情緒則維持不變（想進一步了解如何辨別真笑與假笑，請見第六章）。

努力假裝以弄假成真，是白費力氣的做法。快樂的人會讓我們跟著快樂，但假裝快樂的人不會讓人留下任何印象。在社交場合中獲勝的第一步，就是掌握你參與其中的情境，只在你不必假裝的地方與人互動。**不管你學到多少行為密技，只要你參加的活動令你不開心，你就很難讓別人對你留下難忘的印象。**

當你覺得心緒高昂時，別人感受得到，並且想要參與這樣的感覺；你如果因為覺得自己「應該露面」而勉強參加一場活動，你就會成為那個掃興的人，並將整場活動搞得烏煙瘴氣。

這就是為什麼你必須擁有社交作戰策略。

自信具有感染力，缺乏自信也一樣，而這兩者顧客都辨識得出來。

——文斯·隆巴迪

你的社交作戰策略

「來者不拒」是我得到過最糟的忠告。不論是交流活動、與陌生人喝杯咖啡，還是隨便一場研討會，你都應該參加，因為你永遠不知道自己會在這些活動中遇到什麼機會——科學證明，這種說法根本是胡扯一通。

不幸的是，我花了好幾年才理解這一點。我剛建立部落格時，一直努力找尋任何付費寫作的機會，因此週間的每天晚上幾乎都會勉強自己拖著腳步出門，到職業圈子裡與人交往。我為那些交流活動做準備的方式就像要上戰場，帶著成堆名片、一大把專業樣式的筆，以及各式各樣的訂製名牌。我的打扮包括舒適的鞋子、商務休閒服裝、香水，以及有如新聞主播的微笑。

我努力奮戰，爭取別人的注意、爭取生意機會，也在不斷重複的相同談

話帶來的無盡煩悶中致力爭取休息時間。這麼瞎鬧了三年之後，我終於放棄了。我沒有建立任何真正的關係，沒有得到什麼生意機會，更是一點都不開心。

為什麼？我並未發揮自己的長處。我和杜魯門一樣，在一對一交流的情況下表現遠遠好得多。塞了許多人的嘈雜場地只會讓我不知所措，試圖以硬擠出來的假笑遮掩內心的焦慮，只是讓我顯得表裡不一 —— 而這正是問題所在。

我需要的是一套作戰策略。

行為密技 1 **社交作戰策略**	掌控互動，並遵循你自己的社交規則。

誰說你必須遵守別人的規則？我要你創造你自己的規則。

你的社交作戰策略會幫助你找出最適合你的位置。在那個位置上，你能充分發揮實力，也會覺得最自在，而且能獲致最大的成功。

技巧 1：找出你的活躍地點

大多數人際技能書籍都致力於強迫你採取單獨一種做法 —— 也就是活潑外向人士的做法。那些書都要求你努力假裝以弄假成真，預期你在認識每個人時都能保持「馬力全開」的狀態。這是不可能的。

你「可以」和任何人融洽相處，但沒有必要和所有人融洽相處。社交作戰策略的重點不只在於制定策略，也在於善用你的社交長處。沒有人會預期一名運動員在球隊上的什麼位置都能打，所以你也不該試圖扮演每一種社交角色。站穩適合你的位置，這樣也比較容易嘗試你學到的所有行為密技。

把你能充分**享受**與人相處的場所全部勾選出來──如果有以下清單沒有列出的其他地方，請自行列在後面。這些場所是你的「活躍地點」：

_____ 酒吧　　　　　　　_____ 大自然
_____ 夜店　　　　　　　_____ 泳池派對
_____ 餐廳　　　　　　　_____ 晚宴
_____ 家中派對　　　　　_____ 看電影
_____ 小餐館　　　　　　_____ 賭場
_____ 會議室　　　　　　_____ 演唱會
_____ 健身房　　　　　　_____ 正式場合
_____ 辦公室會議　　　　_____ 雞尾酒派對
_____ 研討會　　　　　　_____ 後院烤肉趴
_____ 咖啡廳　　　　　　_____ 主題樂園
_____ 講電話　　　　　　_____ 節慶活動
_____ 電子郵件　　　　　_____ 交流活動
_____ 視訊交談　　　　　_____ 體育賽事
_____ 即時通訊軟體

把你非常**不喜歡**在此與人相處的場所全部勾選出來──如果有以下清單沒有列出的其他地方，請自行列在後面。這些場所是你的「奮力求生地點」：

_____ 酒吧　　　　　　　_____ 大自然
_____ 夜店　　　　　　　_____ 泳池派對
_____ 餐廳　　　　　　　_____ 晚宴
_____ 家中派對　　　　　_____ 看電影
_____ 小餐館　　　　　　_____ 賭場
_____ 會議室　　　　　　_____ 演唱會
_____ 健身房　　　　　　_____ 正式場合
_____ 辦公室會議　　　　_____ 雞尾酒派對
_____ 研討會　　　　　　_____ 後院烤肉趴

＿＿＿＿ 咖啡廳　　　　　　　　＿＿＿＿ 主題樂園
＿＿＿＿ 講電話　　　　　　　　＿＿＿＿ 節慶活動
＿＿＿＿ 電子郵件　　　　　　　＿＿＿＿ 交流活動
＿＿＿＿ 視訊交談　　　　　　　＿＿＿＿ 體育賽事
＿＿＿＿ 即時通訊軟體

你猜得出哪個場所最多人選嗎？

這是個陷阱題！這些選項當中沒有哪一個被勾選的次數特別多。我們找不出具有統計顯著性的模式，因為這些選項被選到的機率都很平均。每個人活躍的情境各不相同，你如果不喜歡派對，就很難學會如何「炒熱派對」；研討會如果讓你覺得滿身起雞皮疙瘩，那麼學習如何「在研討會上散發魅力」就很蠢。這就像是宣稱一名四分衛應該也能打踢球員與線衛的位置。那名四分衛也許可以打這兩個位置，但絕對不可能表現得多好。

接著就來辨別你能活躍其中和你只能奮力求生的地點：

・**活躍：**看看你在上面勾選的第一組地點，把其中的前三個或前五個寫在底下「我的活躍地點」空格裡。你不但期待前往這些地方，也能夠在那裡展現出最好的一面。

・**沒有特別偏好：**有些社交情境可能會因你當下的情緒或在場的人而讓你覺得喜歡或不喜歡，這些不是你最熱愛的場合，但你也不會害怕這些地方。看看你在上述兩項練習中都沒有勾選的場合，然後把其中你最常遇到的列在底下「我沒有特別偏好的地點」空格裡。

・**奮力求生：**另外有些場所或情境總是會讓你覺得不自在、煩悶或不開心。從你在上面勾選的第二組地點中取三到五個，列在底下「我的奮力求生地點」空格裡。

我的活躍地點：＿＿＿＿＿＿＿＿＿＿＿＿＿＿＿＿＿＿＿＿＿＿＿＿
我沒有特別偏好的地點：＿＿＿＿＿＿＿＿＿＿＿＿＿＿＿＿＿＿＿
我的奮力求生地點：＿＿＿＿＿＿＿＿＿＿＿＿＿＿＿＿＿＿＿＿＿

現在，你既然已經知道哪些邀約應該接受、哪些應該避開，就讓自己在尚未抵達現場即先立於不敗之地吧。

在活躍地點嘗試本書教導的行為密技，成功機會就會大得多。不過，如果你不得不參加自己沒有特別偏好或只能奮力求生的活動，別擔心，以下這兩項技巧可以幫助你安然過關。

技巧 2：社交最佳打擊點

參加一場活動之前，想像你把自己的社交互動畫在一張地圖上。從你走進活動場地的門口，到你第一段談話發生的地點，一路到最後一段談話所在的位置，許多人會在根本沒有意識到的情況下一再採行同樣的路徑。

我們曾和活動主辦單位合作，以拍攝並追蹤活動參與者在會場中的行動。在每場活動中，我們都會為參與者編號，然後觀察每個人的互動模式。活動結束後，我們會計算他們結識了多少人、詢問他們收到多少張名片，並查看他們在領英（LinkedIn）上的人脈數。我們發現，最成功的人際交往者都會採取特定模式；換句話說，社交地圖可以被破解。

以下是一場典型社交活動的地圖：

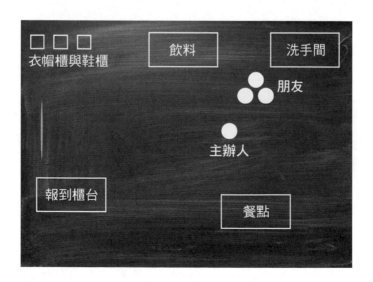

　　不論你是參加交流活動、假日派對、婚禮、朋友家的晚宴，還是在研討會的大廳裡，大多數活動都會採取這樣的基本場地配置：會場有個報到區或一張桌子讓人放置禮物；你可以輕易看見洗手間，以及吧台或餐點區；通常會有幾個你認識的人——可能是同事、朋友或平日的點頭之交——已經聚在一起聊了起來；當然，主辦人或老闆則是在會場裡走來走去。

　　且讓我們重新想像一下杜魯門在一九四四年民主黨全國代表大會裡的社交地圖：

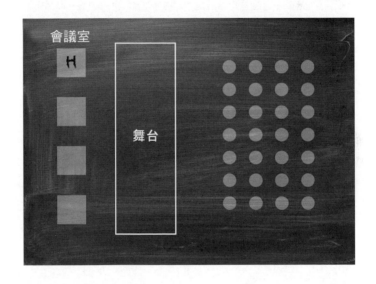

　　聽眾坐在大舞台前方，私人會議室在舞台後方。

　　大多數候選人都把精力投注於準備上台演說，然後再到聽眾當中從事不可避免的閒聊。他們的地圖看起來是這個樣子：

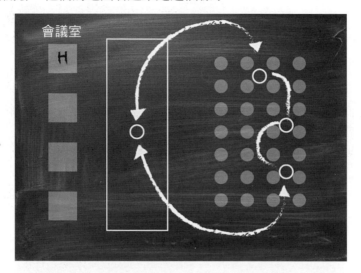

　　為了有效贏得選票，害羞的杜魯門必須避免這種典型移動路徑，也必須避開自己的性格陷阱。下圖的「X」標示了可能的陷阱所在：

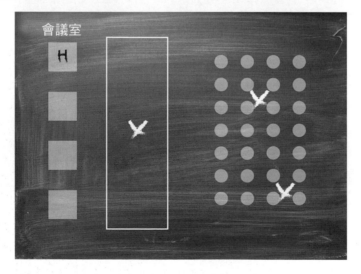

　　杜魯門在舞台側邊一條長走廊的盡頭及不受打擾的 H 室裡從事他的社交活動。我把有助於我們發揮自身長處的地點稱為「社交最佳打擊點」。在下

一張地圖裡，星星標示了這些最佳打擊點。

　　杜魯門要做的，就是前往屬於他的最佳打擊點，藉此廣泛結交，把情勢翻轉為對自己有利。

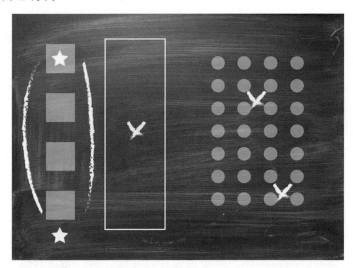

　　我要你也做同樣的事。回頭看看那張典型的社交地圖，我把每一場活動都劃分為三個基本區域：開始區、社交區，以及邊緣區。

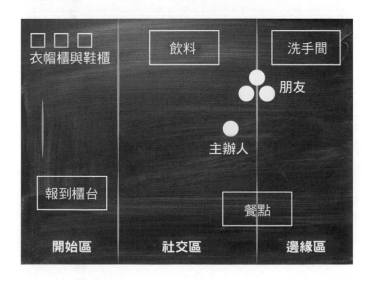

開始區是所有活動的起點。在情緒方面，這是我們的緊張情緒最高漲的地方。參加者剛抵達活動會場時，通常懷著許多想法。他們快遲到了，忙著報到，脫下外套，環顧會場，看看有沒有認識的人，擔心自己給人的第一印象，把手機調成靜音，趕著到洗手間去，或是祈禱自己能夠玩得開心。

我在活動中看見許多人常犯的最大錯誤，就是**徘徊在開始區的邊界**。這是個社交陷阱，你在這裡遇到的人正處於自信心的低點。我們發現，收到最少名片的人，都是在開始區對人搭訕。他們沒有意識到，這麼做其實是把自己嘗試建立關係的目標鎖定在還無意與人交流的對象身上。

在別人對一場活動還沒搞清楚狀況時就向他們搭訕，他們不但比較難專心聽你說話，還會不斷環顧會場，找尋自己認識的人──在這種情況下，你很難與對方目光相接。此外，他們也比較會告退去拿些飲料或餐點、向主辦人打招呼，或者去上洗手間，因此比較不可能會把你說的話聽進去。

邊緣區也充滿一般人經常跌入的祕密陷阱。我之所以把這一區稱為邊緣區，是因為活動參與者一旦落入這些陷阱，就會被邊緣化，而無從結識許多新的對象。**邊緣區的第一個陷阱很容易記住：洗手間**。洗手間當然要上，但不要徘徊在洗手間外面，這樣會讓人覺得很變態。

邊緣區的第二個陷阱是直接走向餐點處，然後整場活動中都徘徊在餐點周圍。這算不上很糟的陷阱，但絕對不是個理想的置身之地。你不但會因此吃得太多而讓自己整晚挺著一個大肚子，也會阻礙別人拿取及享用餐點。你很難在別人夾取餐點時和對方搭訕，更沒辦法握手，還會造成邊嚼邊說話的窘境。

邊緣區的第三個陷阱，是一進場就立刻去找自己認識的人。一旦加入同事、朋友或點頭之交的圈子，你就很難另外認識新對象。最好的做法是在剛抵達時對朋友揮揮手，或者和他們擁抱一下，然後說你待會兒再回頭找他們。你可以在活動接近尾聲時和朋友聊天，但活動剛開始時，應該善用充沛的精力直搗社交區。

以下是應該避開的陷阱：

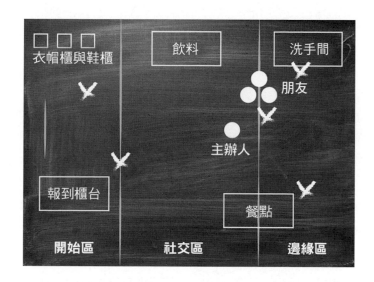

社交區則是魔法發生的地方。首先，**廣泛結交的最佳地點就是人們離開吧台處**。等他們來到這裡時，原本在開始區感受到的那種高度焦慮已平緩下來，而且手裡端著飲料，已經準備好要和人交流，甚至可能滿心迫切想要找到談話的對象。你如果在這時拯救他們免於獨自啜飲飲料的命運，就成了他們的救星。

吧台兩側各有一個最佳打擊點。我們注意到，收集最多名片及在領英上擁有最多人脈的人，都掌控了這兩個最佳打擊點（也從來不會沒有交談對象）。你可以依據當下情境挑選開場白：「你喜歡今晚的酒嗎？」或者只要說：「嘿，乾杯！我是凡妮莎……」

社交區另一個很棒的打擊點是在主辦人身邊。取得飲料後，你可以藉著向主辦人打招呼或道謝，繼續廣泛結交，也可以請主辦人在接著招呼別人之前，先介紹一些人給你。你可以說：「真是謝謝你邀請我！今天的來賓看起來都很迷人，有沒有我應該先認識的？」

主辦人幫你介紹一些人之後，就讓他繼續去忙，但只要情況允許，盡量讓自己待在主辦人的視線範圍內。每當在活動中認識的人不多，我就會這麼做，這樣主辦人和別人談話時就比較有可能看到我，然後說：「嘿，你應該認識一下我的朋友凡妮莎。凡妮莎，到這邊來！」得分！

我雖然不建議站在餐點周圍，但別人已經在享用餐點的沙發及吧台桌，

卻是隱藏的打擊點。在這種情況下，他們通常希望有人在身邊坐下來，一句
「嘿，我可以坐你旁邊嗎？」就是很好的開場白。

　　此外，**你如果生性內向，不喜歡一大群人，我強烈建議你「少量多餐」**。
與其一次拿一大盤食物，你可以先拿開胃菜，吃完再去拿主菜，然後再去拿
第二次主菜或甜點。為什麼要這麼做？因為這樣可以讓你輕易退出一場談話，
或者另外找人一對一交談。

　　我自己就是少量多餐的實行者。如果需要比較長的休息時間，我就會去
上洗手間，並且重斟一杯飲料。保存社交精力，有助於我在活動中進行多次
高品質的談話。

　　總結來說，就是要透過找出你的社交最佳打擊點，以及避開常見陷阱，
來廣泛結交。以下這張地圖將幫助你在活動中最有效地認識人：

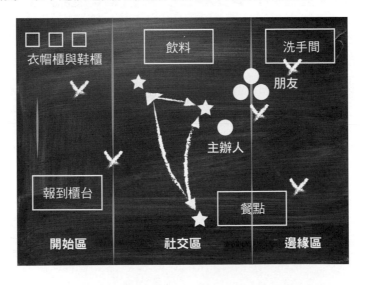

　　如果不相信我說的話，沒關係，下次參加活動時，你可以自己觀察。你
一定會注意到，活動參加者在陷阱與最佳打擊點之間進進出出：

接近我！（打擊點）	離我遠一點！（陷阱）
我剛拿了餐點。	我只和我認識的人聊天。
我在主辦人身邊。	我剛到。
我手裡端著一杯還沒喝的飲料。	洗手間在哪裡？

你也許會找到更加致命的陷阱或效果更好的打擊點，而且，你隨時都可依據自己的技巧和目標重畫你的社交地圖。我非常建議這麼做。

技巧 3：確知你的隊友是誰

我教導的一門肢體語言線上課程在網路上爆紅之後約兩星期，我收到一個陌生人寄來的電子郵件，聲稱想要主動提供我一些建議。他不太客氣地指出，我在影片裡應該穿商務套裝（我在影片裡通常穿襯衫或洋裝），說我看起來「不夠專業」，而且「商務服裝能吸引更多學生」。此外，他也反對在影片裡說笑話，因為這樣會「分散觀眾對主題訊息的注意力」。

我一陣恐慌，隨即開始考慮穿上比較正式的服裝重拍影片。我應該從頭來過嗎？或者一部部影片重新剪輯？在慌亂不已的情況下，我向幾位恩師尋求意見。

向他們講述這件事之後，其中一人問我：「凡妮莎，你為什麼要聽這個人的話？他是你的目標對象嗎？」

我不曉得他所謂「我的目標對象」是什麼意思。他解釋道：「你的目標不是要吸引所有人，而是吸引正確的對象。這個人如果會因為你穿的衣服而分心，他就不是正確的對象。」

對我和我的事業而言，這是個轉捩點，我開始非常明確地定義自己的理想學生。調查與訪談結果讓我得知，購買我課程的人在各個領域都高於平均水準。他們是高成就者，擁有高於平均的智力及超級忙碌的生活。我的目標很簡單，就是在這群人當中盡可能幫助最多的人。與其爭取所有種類的學生，我開始把目標鎖定屬於我的學生類型。

在界定理想顧客之後，我開始製作簡潔明瞭的簡短影片，內容充滿可行

的訣竅。一部影片如果沒有大量珍貴資訊，或者我話講得太多，我就不會發表。短短幾個月，我們的業務就開始如滾雪球般迅速成長——YouTube 頻道觀看次數驟增至九百萬以上，推特跟隨者成長了十二倍，而在我撰寫這段文字時，我們的線上課程學生人數已經超過十三萬兩千人，線上社群的成員也超過十萬四千人。之所以能夠達到這樣的成果，是因為我確切知道自己要找的是什麼人。我找到了我的目標對象。

　　不論你是想要找到理想客戶、絕佳伴侶，或是能夠激發你最好一面的朋友，你都必須確認自己找到的是**正確**的人。你可以像超人那樣，暗中避免尷尬場面，獨力把互動調整到最佳程度。或者，你也可以找人合作，就像蝙蝠俠有羅賓，鋼鐵人有賈維斯。另外還有一個更好的做法：加入復仇者聯盟，由一個團隊來支持你。

　　有一句非洲諺語是這麼說的：

要走得快，就獨自走；
要走得遠，就一起走。

　　我要向你提出的問題是：你的對象、你的人是誰？你可以藉由汲取別人的力量加快學習速度。每個人在人生中都需要支持者，所以，來確認和你一隊的是哪些人吧。閱讀以下這些問題，並針對每個問題寫下你第一個想到的人：

你喜歡和誰相處？ _____

誰能逗你發笑？ _____

誰讓你覺得自己備受珍視？ _____

你需要擬訂策略時會找誰討論？ _____

你最期待見到誰？ _____

你遇到危機時會打電話給誰？ _____

誰會激發你最好的一面？ _____

你希望更深入了解誰？ _____

看看你列出的答案，然後從中找出以下這些人：

你的搭檔：有沒有哪個人出現不只一次？有沒有哪個人能陪你踏上社交冒險之旅，能幫助你在嘗試社交密技時感到更自在，而且和你一樣渴望成長？我把這個人稱為你的搭檔，把他／她的名字寫下來吧。

你的搭檔：_____

你想拉近關係的人：有沒有哪個人是你希望出現在這份名單中的？我們都有想要建立進一步關係的人，也許是某個同事、新朋友，或是某個可能徹底改變你事業的潛在業務往來人。把本書的十四項行為密技用在你想拉近關係的人身上，提升你們的關係。

你想拉近關係的人：_____

了解自己活躍於什麼情境當中、在什麼位置最感自在、信任哪些夥伴，將為你節省許多精力與時間。利用你的活躍地點清單做出對你有利的社交決策，並仰賴那些真正支持你且讓你覺得備受珍視的人吧。

你不需要喜歡所有人。在你覺得緊張或不自在的場所設法與人融洽相處，或是嘗試新的行為密技，花費的力氣會多很多。藉由**掌控互動的地點、方式與對象**，你就能提高成功的機會。

我開始拒絕，說我不做那件事、我不想做那件事、我不拍那張照片、我不去參加那場活動、我不支持那項主張，因為那不是我會支持的東西。於是，我慢慢記起自己是什麼人。然後，你回到家裡，照著鏡子，對自己說：「我可以接受你，我可以和你一起生活。」因為那是我認識的人。那個人有膽量，那個人為人正直，那個人有自己的意見。

——女神卡卡

掌握主控權，規畫適合自己的社交策略

不論你的個性偏向安靜沉思或盡情狂歡，都可以藉著發揮自己的長處而成功。

舉例來說，杜魯門還是個沒沒無聞的參議員時，想出一個在政界往上爬的絕妙計畫。顯而易見的策略當然是在參議院發言台上發聲，贏取目光，但杜魯門偏好研究，而不是華麗的詞藻，於是他發揮自己的長處。

他的社交作戰策略從兩方面著手。首先，他投身於研究自己因為曾在鐵路建設公司工作而熟知的主題：運輸，然後又花了許多時間在國會圖書館探究一切晦澀的細節。第二，他和一個有類似興趣和目標的人建立關係。他想拉近關係的對象是參議員伯頓‧惠勒——當時的州際商業委員會主席。隨著杜魯門在委員會中展現運輸方面的知識，他開始提升自己與惠勒參議員的關係。在杜魯門勤勉地參與許多會議之後，惠勒終於指定他成為正式的小組委員會委員；過了不久，惠勒又提拔他擔任委員會副主席。其他參議員注意到杜魯門的敬業態度，以及與人交往的獨特方式——結果，這將他一路送進了白宮。雖然杜魯門可能不是傳統上那種最具魅力的人，但他最有效地發揮自己的技能、規畫了自己的目標，也和正確的人合作。

要在人際關係上成功，重點在於規畫適合自己的策略。

給自己的挑戰

1.拒絕你根本不想參加的活動。
2.在下一場活動中利用社交作戰策略，找出至少兩個最佳打擊點。
3.找出你想和什麼人提升關係——也就是你想拉近關係的對象。將接下來的十三項行為密技用在他們身上。
4.爭取潛在搭檔加入你的社交冒險之旅。

重點回顧

　　魅力沒有單一定義，社交影響力有許多不同樣貌——這是件好事。如果每個人都生性外向，這個世界將無聊至極（且吵鬧不已）。運用你的社交作戰策略，依據你設定的條件出席活動，並與對你有意義的對象互動，你的自信會感染他人。

・不要再強迫自己以令你筋疲力竭的方式與人交往。
・到你的活躍地點去，避開你只能奮力求生的地方。
・適當拒絕，這樣你才有精力參加適合你的活動。

我在本章得到最大的收穫是：

_____

Chapter 2

吸睛之道
如何令人留下絕佳的第一印象

　　靜默的聽眾充滿期待。匹茲堡交響樂團的成員已經在舞台上就座，為自己的樂器調音。音樂廳座無虛席，每個人都在等待指揮雷梅萊特登台。

　　問題是，這一晚的指揮不該是雷梅萊特。聽眾知道這一點，樂團知道這一點，雷梅萊特自己當然也知道。由於德國名指揮家杜南伊在這場演出前幾天突然病倒，匹茲堡交響樂團只好臨時找人代打。他們找上了雷梅萊特。

　　雷梅萊特這個身材高大、充滿活力的挪威指揮家必須在短短幾天內設法熟悉杜南伊的演出曲目，並指揮一個他以前從沒合作過的樂團。此外，在節目排定的三首曲目中，雷梅萊特過去只在音樂會裡指揮過其中一首。

　　我後來訪問雷梅萊特，他坦承：「上台之前，我緊張得不得了。為了準備那場表演，我幾乎沒睡覺。」更令他備感壓力的是，《紐約時報》的音樂評論家奧斯特瑞希也到場聆聽。

　　雷梅萊特終於上台時，聽眾不禁屏息。他只有幾秒鐘能讓大家留下鮮明的第一印象。對雷梅萊特而言，重點在於「設法建立信任」。他必須讓聽眾相信他能帶領眾人享受這場演出，並讓樂團成員認定他們應該跟隨他的領導。

　　「他走向指揮台的步伐，就像個怯生生的學童。不過，一站上指揮台，他便展現無比的自信，使用了明確且多樣的手勢。」奧斯特瑞希指出。

　　雷梅萊特帶領樂團精采演奏了華格納的〈齊格菲牧歌〉，接著又以充滿活力的風格演繹了舒曼的〈第四號交響曲〉。他以布拉姆斯的〈第二號鋼琴協奏曲〉作結，安可曲則是蕭邦的一首圓舞曲。聽眾都興奮不已。

　　「演出結束後，聽眾唯一想要談論的似乎只有雷梅萊特先生。」奧斯特瑞希寫道，「有幾位聽眾指出，雷梅萊特先生的音樂散發出喜悅。他那孩子氣的俊帥相貌、充滿表達力的指揮台姿態與低調的魅力無可避免被提及，但

有些人也注意到指揮與演奏者之間超乎尋常的默契。」

雷梅萊特這場充滿魅力的演出傳揚開來。他隨即再度被匹茲堡交響樂團聘用，另外也和其他樂團首度合作演出，包括巴爾的摩交響樂團、米蘭的史卡拉愛樂、慕尼黑愛樂，以及維也納交響樂團。

「演奏家在五分鐘內就知道一個新指揮行不行。」雷梅萊特後來表示。那麼，他在那最初的五分鐘到底做對了什麼？

第一印象的科學

你有沒有遇到第一眼就覺得投緣的人？剛見面那一刻，你不知為何就是知道你們合得來。你有沒有遇到第一眼就讓你反感的人？雖然不曉得是什麼原因，但那個人就是有某種惹你厭惡的特質。

不論願不願意承認，我們都會在見到一個人的最初幾秒鐘就認定自己喜不喜歡對方、信不信任對方、想不想和對方建立關係。不過，我們極少思考自己給人的第一印象；就算去想了，也不太確定該如何改善。於是，我們練習自己想說的話、準備風趣的笑話，然後盼望在結識別人的最初那幾秒可以發生最好的狀況。

哈佛大學的心理學家安貝迪與羅森塔爾想要測試人的瞬間判斷具備的力量，決定研究學生對教授的觀感。我們對老師的判斷應該只基於他們實際上的教學內容，而不是他們的外貌、行為或氣質。然而，人的腦子卻不是這麼運作的。

在這項實驗裡，安貝迪與羅森塔爾向外來受試者播放了教授在課堂上教學的十秒鐘無聲影片，再由受試者針對十五個層面為那些教授評分，包括親切度、樂觀度及專業程度。評估者必須完全依據非口語的表現判斷。

安貝迪與羅森塔爾檢視結果後，想知道能否透過削減影片長度改變評分。於是，他們把那些影片從十秒剪成五秒。評分沒有改變。接著，他們又把影片從五秒剪成兩秒。**評分依舊沒有變化**。於是，他們得出這樣的結論：看見某人時，我們在頭兩秒就會做出瞬間判斷，而且極少會再調整──就算得到更多資訊也一樣。**面對一個不認識的人，還沒聽對方說話，我們就已認**

定自己是否相信對方、是否喜歡對方、是否信任對方。

　　看見某人在一個房間裡移動兩秒鐘後，你能充滿信心地針對那個人的性格做出哪些判斷？你可以猜出對方多誠實、多和善，或是多支持他人嗎？儘管你沒有什麼內容可以用來判斷，但在見到一個人的最初幾秒鐘內，你卻已經在心裡詢問並回答了這些問題。最令人難以置信的是，你的判斷還相當準確呢！

　　接下來是這項研究中最值得注意的部分。安貝迪與羅森塔爾把那些影片的評分結果，拿來和學生上過那些老師的課一個學期後做出的評估互相比較──結果的相似度還是高得驚人。兩秒鐘影片裡得到低分的老師，在跟著他們上了一學期課的學生眼中還是一樣評價低落。

　　那些老師必定花了許多時間備課，練習自己的教學方法，課前課後也投注時間與學生拉近關係。但安貝迪與羅森塔爾指出，這不是重點所在。學生走進教室之後的頭幾秒鐘，就認定了老師的教學效度。同樣的狀況發生在雷梅萊特上台的時候，以及你走進某個活動會場時。

　　第一印象形成的速度讓你害怕嗎？別怕！這是好消息。如果你只需要幾秒鐘就可以讓一個人認定你是值得交談的對象，那就在這幾秒鐘內灌注最豐富的內容吧。**你可以利用第一印象影響整場互動。**

提升關係的三個層次

　　第一印象是種求生機制。結識一個新對象之後，你必須立刻決定自己是否想要對方在你人生中占一席之地。有沒有聽過「戰或逃反應」？你的身體以這種方式對外來刺激做出本能反應，決定你該留下來或逃跑。這就是為什麼第一印象形成得如此迅速且果斷。

　　我們在一場互動的最初幾秒鐘，就會試著針對新認識的對象回答三個基本問題。

　　第一層次：你是朋友或對頭？這是我們潛意識裡的個人安全檢查。我們心裡想著：「親愛的，你得讓我知道，我該待下來，或者應該走？」

　　第二層次：你是贏家或輸家？剛認識一個人，我們就會立刻想要評估對方的自信——對方看起來像領導者，還是跟隨者？

　　第三層次：你是盟友或敵人？認爲一個人沒有威脅性是一回事，但你在最後這個層次會決定對方是否應該加入你的團隊。你的大腦想知道這個人喜歡你的程度是否足以支持你。

　　某人一旦成功回答這三個問題，我們就會提升與對方的關係，對他們更加信任。陌生人因此成爲熟人，熟人成爲朋友，潛在顧客成爲客戶（當然，別人也會在那一瞬間針對**你**回答這三個問題）。如果是一名講者站在一大群聽衆面前，這種現象會如何發展——例如在一場 TED 演說上？

　　我愛聽 TED 演說已經上了癮。大多數日子裡，我在午餐時間都會找出一場內容豐富的演說來搭配我的三明治。有一天，我在搜尋欄位鍵入「領導」，結果出現兩部影片：一部是西奈克主講的「傑出的領袖如何激發行動」，另一部是維克爾繆林主講的「從領導力的失落手冊中學習」。

　　這兩場演說都長約十八分鐘，同樣發表於二〇〇九年九月，講者也都是他們所屬領域裡備受敬重的思想領袖。不過，這兩部影片卻有一項差別——而且是很大的差別。西奈克演說的觀看次數爲 24905052 次，維克爾繆林演說的觀看次數則只有 725663 次。爲什麼會有這麼大的落差？這兩位講者既然獲選登上 TED 講台，自然在演說前就受過審查。TED 組織花費許多心力維持演說活動的一致風格，並致力於挑選全世界最優秀的演說家，這些演說家都有很棒的想法。所以，到底發生了什麼事？我設計了一項實驗，想要找出答案。

　　我們想知道安貝迪與羅森塔爾的研究發現能否套用在 TED 演說上。首先，我們讓一群受試者觀看整場 TED 演說，然後要求他們針對講者的可信度、魅力、智力與整體表現評分。受試者看不見影片的觀看次數（以免影響他們對講者的觀感），而且我們也確認了他們以前沒看過這兩場演說。

　　接著，我們把評分表交給另一組受試者，但他們只看了同樣這兩部 TED 演說影片的七秒鐘片段。結果呢？評分沒有重大差異。

　　我們有可能在一場 TED 演說的頭七秒鐘就已認定自己會不會喜歡嗎？頂尖的 TED 講者如何在這麼短的時間裡通過信任的三個層次？

我們的程式工程師分析數百小時的 TED 演說，找尋觀看次數最少與最多的影片之間有何差異。我們計算手勢，並衡量語調變化、微笑及肢體動作，發現其實有固定模式。第一印象的力量不在於我們說了什麼話，而是我們**怎麼說那些話**。

最受歡迎的 TED 講者在提出重大觀念前，就先提升了與聽眾之間的關係。而他們做到這一點的方法，是我所謂的：

行為密技 2 **三項武器**	利用非口語方式通過信任的三個層次，藉此讓人留下鮮明的第一印象。

在演藝圈，藝人如果會演戲、會唱歌，又會跳舞，就算是個三重威脅藝人；在第一印象中，你一旦善用自己的雙手、姿勢及目光接觸，就能夠達到三重威脅的效果。你可以利用這三項非口語武器通過信任的三個層次。雷梅萊特踏上舞台時運用了這三項武器，TED 講者站在那塊小紅毯上也會使用這三項武器，而你和別人互動時也應該運用。

技巧 1：善用雙手

頂尖的 TED 講者利用一種特定機制，瞬間與聽眾建立信任關係：手勢。

· 受歡迎程度最低的 TED 講者平均使用 272 個手勢——沒錯，我們的程式工程師仔細計算每個手勢。
· 最受歡迎的 TED 講者平均使用 465 個手勢——幾乎是前者的兩倍！
· 天寶‧葛蘭汀、西奈克、麥高尼格在我們的統計中名列前茅，他們都在十八分鐘的演說裡使用了超過 600 個手勢。

　　這種效果不是 TED 演說獨有。研究發現，在面試中使用較多手勢的求職者，被錄取的機率較高。

　　手勢為何有這麼大的影響力？因為**雙手能夠展現意圖**。

　　回想一下人類住在洞穴裡的時代。我們的穴居人祖先一旦遇到陌生人接近，辨別對方意圖善惡的最佳方法，就是看他們的手。對方手裡有沒有拿著石頭或長矛？那個陌生人在自我介紹時，我們的祖先也在盯著對方的手勢，確認對方沒有打算出手攻擊或竊取珍貴財物。儘管現代人已不常遭遇身體傷害，這項求生機制還是存續下來。這就是為什麼在大多數文化裡，我們都以握手當作打招呼的方式，也是為什麼警察對罪犯大喊的第一句話總是：「把手舉起來！」

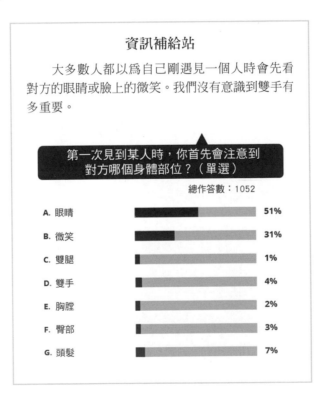

資訊補給站

　　大多數人都以為自己剛遇見一個人時會先看對方的眼睛或臉上的微笑。我們沒有意識到雙手有多重要。

第一次見到某人時，你首先會注意到對方哪個身體部位？（單選）

總作答數：1052

A. 眼睛	51%
B. 微笑	31%
C. 雙腿	1%
D. 雙手	4%
E. 胸膛	2%
F. 臀部	3%
G. 頭髮	7%

　　別人一旦能看見你的雙手，就會覺得比較放鬆，也比較願意對你展現友好的態度。這是個很容易實行的技巧。走進活動會場或等著見某人時，不要

把手插在口袋裡。

　　我知道把手插在口袋裡非常舒服！非常隨興！非常帥氣！我不是故意誇大其詞，但口袋的確是與人建立投契關係的殺手。**要改善你給人的第一印象，最簡單的做法就是讓別人看見你的雙手。**

　　口袋不是唯一的問題。別讓桌子、皮包或筆電遮住你的交友工具。只要情況允許，在會議室裡要把手放在桌上，邊喝咖啡邊開會時也要把手放在桌面上，參加活動中也不要把手擱在皮包裡。

　　空出雙手對於建立信任而言，乃是一項可以發動雙重攻勢的連續技。你先讓人看見你的雙手，再進行完美的握手。

這樣才是完美的握手

　　你是朋友或對頭？握手可向陌生人表示你很安全，能夠與人手掌相對。不過，握手的效果有高低之別，以下是達成絕佳握手效果必須知道的幾項要點。

　　·**手要乾燥：**黏答答的握手糟透了。你如果因為緊張而手心出汗，就採取我最喜歡的「餐巾紙裹杯」技倆。參加活動時，向吧台點一杯飲料，然後用一張餐巾紙裹住玻璃杯。用你習慣跟人握手的那隻手拿著杯子，這樣餐巾紙就可以在你與人握手之前擦掉你的手汗。

‧**垂直：**握手時，你的手一定要保持垂直，拇指朝上。手掌向上是一種非口語的臣服或示弱姿態，而你如果手掌朝下，迫使對方手掌向上，則可能給人跋扈且控制欲強烈的觀感。

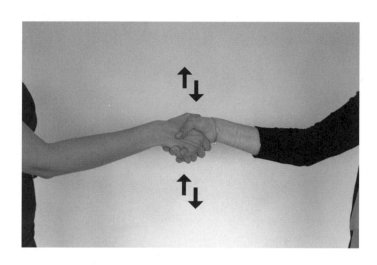

‧**有力：**你是否曾經為了檢查水蜜桃有沒有熟而用手按壓過？你和別人握手時要的就是這種作用，因為每個人對握手的力道各有不同感受。按壓水蜜桃時，你會施加一點力道擠壓，直到你感受到些微阻力。如果是熟透的水蜜桃，這種感覺很快就會出現，於是你會停止施力；假如還沒熟，你就可以施加不少力道擠壓，而不至於讓水果受傷。跟人握手也一樣。緊握對方的手，一旦感覺到對方的肌肉開始緊繃，就不要再用力。此外，拜託，握手時絕對不要有氣無力──這種握法叫作「死魚」，對建立投契關係可是有致命的效果。

絕對不要略過任何一次握手，也不要以揮手、擊掌，或是更不可取的雙拳互碰代替握手。為什麼？因為一旦與別人肌膚相觸，我們的身體就會分泌一種叫催產素的東西。

催產素是人際連結的荷爾蒙。神經經濟學家保羅‧扎克發現，這種他稱為「道德分子」的荷爾蒙有促成信任的力量──這就是為什麼這種荷爾蒙對於回答「朋友或對頭？」這個問題至關重要。兩百萬人看過扎克的 TED 演說，

在那場演說裡，他提到自己以催產素進行實驗，單純藉由提供受試者這種荷爾蒙，而操縱了對方的信任度。

和人握手時，你的身體會分泌這種建立信任所需的荷爾蒙，從而讓你們雙方建立比較深層的連結。

所以，**請讓人看見你的雙手，也絕對不要略過任何一次握手。**

技巧2：起飛的贏家姿勢

請回答以下問題：

對想要贏得潛在客戶信任的專業人士而言，最重要的因素是什麼？
A. 成為地位穩固且能力受到證明的專家。
B. 擁有高度自信。
C. 在自己所屬領域展現高度專業。
D. 擁有崇高聲譽。

你選了哪個答案？你選的如果是「B. 擁有高度自信」，那就猜對了！卡內基美隆大學的一項研究顯示，專業人士的自信比聲譽、技術或過往成就都重要！

自信為什麼如此重要？身為人類，我們總是不斷在找尋贏家。

贏家：名詞。勝利者；成功機會大的人。

我們喜歡贏家加入自己的團隊，喜歡和贏家交往，喜歡被贏家領導。不論喜不喜歡，我們都會在一場互動的最初幾秒試圖判定自己的談話對象看起來比較像贏家或輸家。問題是：贏家看起來是什麼模樣？

心理學家潔希卡‧崔西與大衛‧松本想知道是否有普世共通的贏家與輸家行為。說得更精確一點，就是檢視人對成功與失敗的因應方式。他們比較了奧運選手在比賽獲勝或落敗之後的表現：視力正常的選手、後天失明的選手及先天失明的選手在一場比賽結束後，是不是會表現出形式相同的自豪與

羞愧？答案是肯定的——**在各種文化裡，運動員獲勝與落敗之後的行為並無不同。**

　　即使是先天失明的運動員，儘管從沒見過別的運動員完成比賽或慘遭擊敗之後的舉止，還是會表現出和其他運動員相似的姿勢。

　　贏家往往會占據盡可能多的空間。這種姿態通常稱為「權勢姿勢」，展現出來的模樣包括高舉雙臂、抬頭挺胸。

　　落敗的運動員會占據盡可能少的空間。這種姿態又稱為「低權勢姿勢」，落敗者通常會低著頭、肩膀下垂、雙臂緊貼在身側。

　　運動員本能地使用相同肢體語言這個事實，顯示出我們先天就已設定會以非口語的方式宣揚自己的勝利與失敗。可是為什麼呢？崔西與松本指出，自豪與羞愧在社交訊號中具有重要地位，提供豐富資訊，讓我們用以評斷自己和別人。

　　一如運動員，**我們感到自豪時會想吸引別人注意，所以就會盡量占據比較多空間；若覺得挫敗，便會藉著占據盡可能少的空間，以避免引起注意。**

　　不過，儘管我滿心想要讓你展現贏家模樣，傳統的贏家姿態在日常互動中卻不免顯得有些過頭。參加會議或與人見面時，你如果擺出一副剛衝過終點線的模樣，未免讓人覺得怪怪的——雖然充滿權勢，但也有點過於強勢。

　　與其這麼做，我採取的是我所謂的「起飛姿態」。這是贏家姿勢稍微收斂之後的版本。**只要和人談話，就請採用起飛姿態：**

　　‧肩膀自然下垂並往後挺。
　　‧下巴、胸口和額頭朝向前方，或者稍微朝上。
　　‧雙臂與軀體之間保持一些距離。
　　‧確保別人看得見你的雙手。

　　肢體語言是向人展現自信並留下迷人第一印象最快的方法。
　　要特別提醒的是，有時候，**我們在看手機時會無意間表現出輸家的肢體語言**——低下頭，雙臂交叉在胸前或緊貼著身側，肩膀還往前、下垂。大多數人在等客戶或等著開會時都會做什麼？看手機！這種可怕的負面循環必須立刻停止！
　　可能的話，在重要會談開始前，就和同事聊聊天、平靜地環顧等候室，或者看看報紙吧。如果想要看手機，也要展現贏家模樣，把手機高高舉在身體前方，以便擺出起飛姿態：

　　總結來說，就是站立的模樣要像個贏家，看起來要像個贏家，和別人互動也要像個贏家。

技巧 3：目光接觸建立連結

　　我們一旦認定某人值得信任，而且是個贏家，接下來就會想要知道對方是否應該加入我們的團隊。這是良好第一印象與絕佳第一印象的分水嶺。說得精確一點，我們找尋的是結盟的指標。這個人喜歡我嗎？這個人會尊重我的意見嗎？這個人會接納我嗎？當然，我們都喜歡值得信任且有自信的人，但我們如果認為對方不會尊重我們，就永遠不會提升與對方的關係。

　　大多數 TED 講者都只通過前兩個層次。他們也許以手勢展現自己值得信任，並以大氣的姿態展現自信，但大多數人都不曉得怎麼讓一個一個聽眾感覺自己受到關懷。那些講者只會對攝影鏡頭說話、對投影片說話，而不是對**你**說話。

　　你要如何傳達想與對方結盟的渴望？想像午休時間，你在公園裡啜飲咖啡，看見一名母親坐在野餐墊上看書，她的幼兒就在身旁。那個幼兒看見一隻鴨子，於是抬頭看著他母親，說：「看，鴨子！」母親沒聽到他的話，於是他又拉了拉她的手，提高嗓音說：「媽！你看，我看到一隻鴨子！」這一次，母親注意到了，但只喃喃回應了一句：「好，親愛的。」然而，那個幼兒沒有被騙，他母親並未**真正**專心聽他說話。因此，他開始跳上跳下，拉扯母親的手臂，不停叫著：「媽，媽，媽，媽，媽！媽！！」最後，在幼兒哭了起

來之後，他母親終於放下書本，看著兒子，說：「怎麼了？」幼兒微微一笑，指向鴨子。「哦！」她驚呼一聲，隨著他一起把目光轉向那隻鴨子。「真棒！你最愛鴨子了。」她說，然後轉頭對他一笑。他開心地舒了一口氣，於是兩人都回復放鬆的姿態。

　　發生了什麼事？那個幼兒只是想找人分享自己的一項體驗而已。和所有人一樣，他也想要與人結盟。而最優秀的 TED 講者對待聽眾的方式，就像寵愛子女的母親。他們會與聽眾裡的特定幾張臉目光相接，並且直接對他們說話——從而讓所有觀看這場演說的人都覺得自己確實受到重視。你在一場傑出 TED 演說中感受到的那種親密感，就是因為你覺得自己和講者一起體驗著那些投影片，以及那整場演說。在網路上爆紅的 TED 講者都會**對**你說話，而不只是**對著**你說話。

　　目光接觸最強而有力的一個例子，是社會運動人士婕伊‧魏斯特與她創立的組織「國際解放者」拍攝的一支很受歡迎的影片：「全世界最大的目光接觸實驗」。在這部影片裡，解放者邀請陌生人和另一名陌生人目光持續接觸一分鐘。「我們一開始非常緊張……直視陌生人的眼睛，任由自己處於脆弱狀態，需要相當大的勇氣才能面對。」魏斯特說。

　　結果極為感人。超過十萬人在世界各地的一百五十六座城市參與了這項實驗。經過短短一分鐘的目光接觸，一個接一個的陌生人都在這樣的對視之後流下眼淚、互相擁抱，並深感驚訝。魏斯特提出這個結論：「和另一個人目光相接會引發許多感覺……信任另一個人需要真正的勇氣。」

　　目光接觸為什麼如此強而有力？因為這種行為會產生催產素，亦即信任的化學基礎。我們先天的設定就是會把這項舉動視為非口語的善意訊號。一旦喜歡一個人，你就會多看對方。作家亞倫‧皮斯描述道：

> 　　A 一旦喜歡 B，就會一再看對方。這麼一來，B 就會認為 A 喜歡他，所以 B 也會回過頭來喜歡 A。換句話說，在大多數文化裡，要和另一個人建立投契關係，你和對方應該要有 60％ 至 70％ 的時間目光接觸，這樣也會使他們開始喜歡你。因此，緊張而膽怯的人既然和我們目光接觸的時間不及三分之一，會不受信任也就不令人意外了。

在最初那幾秒鐘裡，你尤其必須克服害羞地避開對方目光的衝動。

你可能會擔心自己與對方目光接觸得太多。多少程度的目光接觸最理想？你也許記得前面人際智商測驗裡的這個問題：

一般的談話中，人通常會有多少比例的時間保持目光接觸？

A. 31％。

B. 51％。

C. 61％。

D. 91％。

我向數百名聽眾問過這個問題，答案通常平均分布於這四個選項中。每個人對於多少目光接觸算正常，各自有完全不同的想法。

英國社會心理學家阿蓋爾博士發現，西方人與歐洲人談話時，平均有61％的時間保持目光接觸（選項C），其中41％發生於說話時，75％發生於聆聽的時候。下次和人談話時，試著客觀評估自己和對方目光相接的時間比例通常是多少。另外，也請記住以下幾點：

· 注意對方的瞳孔顏色。

· 不要探眼從對方頭上掃視周遭環境。

· 60％至70％的時間都與對方保持目光接觸。

總之，要利用目光接觸建立信任，藉著注視造就連結。

以非口語方式創造良好的第一印象

留下令人著迷的第一印象，重點並不在於徹底消除社交焦慮。雷梅萊特上台前，依舊覺得緊張不已；著名的TED講者布芮尼·布朗表示，踏上TED講台發表演說令她深感恐慌──她的演說卻是TED史上最多人觀看的影片之一。

「在我的職業生涯裡，最令我焦慮的一項經驗，就是在舉行於長灘的 TED 研討會上發表演說。除了在一群非常成功且懷有高度期望的聽眾面前發表被錄下來的十八分鐘演講該有的一切正常恐懼之外，我還是那整場活動的閉幕演說者。」布朗回憶道。

不過，布朗上台的姿態卻像個冠軍，肩膀往後挺，雙手放在外面。接著，她確保自己能夠看見她的聽眾。「終於踏上講台後，我做的第一件事就是和聽眾當中的幾個人目光相接。我請舞台監督打開聽眾席的燈光，好讓我看見台下的人。我需要感受到與他們的連結。」布朗說。

「三項武器」是你覺得緊張時可以採用的工具。它不但能簡化創造良好第一印象的過程——一旦了解背後的科學原理，這點就不再顯得那麼神祕而嚇人——也會讓你比較安於當下而得以放鬆。你也可以像最受歡迎的 TED 講者和雷梅萊特那樣，讓你的最初幾秒鐘發揮最大效果，做法就是以非口語的方式告訴你的聽眾：「你可以信任我，我有個能成功的點子，而且我是來幫助你的。」這樣做可讓你令人難以忘懷。

給自己的挑戰

1. 不要盲目猜測自己的握手力道。和你信任的朋友或同事進行握手測試，並請他們誠實提供意見，以確保你握手的力道適中。
2. 在你下一次的互動中採取起飛姿態——感覺到差異了嗎？
3. 在與他人的互動中練習 60％至 70％的時間都與對方保持目光接觸。

重點回顧

你只有幾秒鐘的時間能夠留下令人著迷的第一印象。

‧藉著露出雙手贏取對方的信任。
‧以起飛姿態展現贏家模樣。
‧適量的目光接觸。

我在本章得到最大的收穫是：

_____

Chapter 3

製造火花
如何促成精采的談話

　　哥倫比亞首都波哥大中心地區藏著珍寶，而托斯卡諾就是我們的寶物獵人。我們一小群人緊緊跟著他，穿梭於舊城區的圓石小巷裡。

　　「眼睛睜大一點，那些珍寶可能藏在任何地方。」他說。我們爬上一段狹窄的階梯，沒怎麼驚擾到一群打著盹的小貓，而意外發現第一項寶物。我們找的是什麼？塗鴉。

　　在兩扇封住的窗戶之間，有一幅我這輩子看過最美麗的畫作：一名原住民婦女仰望天空，彷彿祈禱著或盼望著下雨。那幅畫令我為之屏息。

　　在一條又一條的街道上，托斯卡諾一再指出我以前絕對不會注意到的畫作——一條排水管側邊的一幅肖像畫、一扇裝飾藝術風格門扉角落處的一朵

蘑菇、一座露台旁的一隻嬌小蜂鳥。他邊走邊說，不斷觀察我們這群聽眾對他說的內容是否感興趣。他注意大家會在什麼時候及什麼地方拍照，哪些人會發出驚歎聲，哪些人顯得一臉無聊。

前往下一條街道之前的空檔，他會玩一個記憶遊戲，把每個人的姓名和他們來自何處搭配起來──最後，他把二十六個人的名字全記住了。接著，他又問了所有人的人生經歷。他想知道我們每一個人為什麼會來參加他的塗鴉之旅，畢竟這可不是一般遊客會挑選的行程。

他一一為這個團體的每個人找出和之相關的東西。有一名女子服務於保存南美雨林的國際非營利組織，結果他帶她欣賞了一幅描繪哥倫比亞雨林的大壁畫，令她欣喜不已。

接著，托斯卡諾又得知有個人是美國記者。他穿梭了幾條街道，找到一幅畫在水泥板基座上的政治圖畫。那是史諾登的黑白肖像畫，旁邊以大字寫著：「英雄或叛徒？」那名記者驚豔不已，隨即在筆記本上振筆直書，為他的下一則報導累積資料。

托斯卡諾不自覺運用了一項人類行為的基本定律：他創造了火花。他吸引注意的能力讓他的波哥大塗鴉之旅成為貓途鷹網站（TripAdvisor）上評分第二高的活動。《紐約時報》也指出，如果你在波哥大只待三十六小時，絕對不能錯過他的這項導覽之旅。

雲霄飛車式的目的性閒聊

童年時期，我最開心的日子可以用三個字概括：太空山。在我的成長過程中，我們家每年夏天都會去迪士尼樂園玩。那是我一年當中最精采的時光，我的兄妹和我都會滿心期待地倒數，直到我們能夠在那座瀰漫棉花糖氣味的樂園裡盡情玩樂的那一天為止。

不過，有個問題：剛開始，我因為身高不夠，而不能搭乘最好玩的設施──尤其是雲霄飛車「太空山」。我看著我哥哥的捲髮剛好觸及最低身高線，然後我就被爸媽留下來照顧妹妹，眼睜睜地看著他們三人走進那條通往刺激的陰暗隧道。我那一天最感刺激的時刻，就是玩咖啡杯時和最小的妹妹

打賭她不敢放手，結果她差點因此飛出咖啡杯外。

　　某年夏天，我的馬尾頂端終於碰到了那條可恨的最低身高線。我坐進太空山的車廂，繫上安全帶，緊緊握住沾滿汗水的安全桿。接下來的兩分鐘是我人生的轉捩點。太空山令我大開眼界。在那之前，我雖然知道自己錯過了什麼，卻完全想像不到我錯過的東西原來這麼精采。小飛象旋轉世界的緩慢旋轉與上下起伏，完全比不上太空山令人興奮的俯衝與迴轉。那一天，我和哥哥反覆搭乘太空山，我也在心裡發誓，絕不再回頭去玩那些給小朋友玩的遊樂設施。

　　談話就是這麼一回事。在大半的人生裡，我們的閒聊都屬於小朋友等級。而我們的談話之所以不會令人難忘，是因為我們沒有處於非常興奮的狀態。閒聊時的亢奮程度大概像這樣：

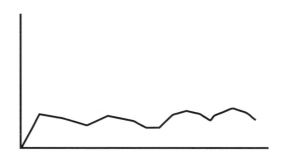

　　這就是閒聊。沒有高峰，也沒有引起人興趣的話題，我們的談話就如一陣風輕輕吹過──記得住對方的名字就算幸運了，遑論談話內容。現在，我要向你介紹「目的性閒聊」的概念。

　　目的性閒聊就像太空山。你先引發對方的期待心理，接著進行流暢的談話，一面笑，一面說出精采的話語，讓談話氣氛愈來愈熱烈。這時，我們的亢奮程度就像這樣：

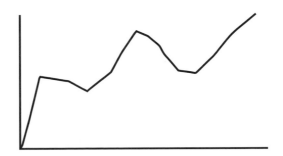

　　如同刺激的雲霄飛車，精采的談話會讓你一方面深感興奮，另一方面也盼望自己再也不必經歷平淡乏味的閒聊。

　　想要消除閒聊，得付出努力。和其他有效的人際關係密技一樣，目的性閒聊也必須避開談話的常態，挑戰閒聊的現狀，並甩脫社交劇本。雲霄飛車必須特別攀高以強化效果，目的性閒聊也是如此。

談話火花的科學

　　我們之所以喜愛雲霄飛車，就是因為那些高高聳起的高峰。軌道上的每個高點都會讓我們在等待俯衝的刺激之際感受到一股興奮。目的性閒聊也有同樣的情緒高點。最出色的談話都有些特定時刻會令人覺得欣喜、振奮——我把這些閃耀時刻稱為「火花」。

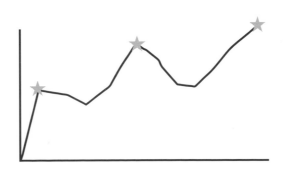

行為密技 3 **談話火花**	利用獨特話題，創造令人愉快且難忘的談話。

　　目的性閒聊帶有大量火花，也就是許多令人難以忘懷的愉悅時刻。你是否和人有過精采的談話？在那場談話結束後，你有沒有回味再三──不斷回想那些令人振奮的高點，以及令人莞爾的幽默時刻？這是因為那些談話火花讓我們深感愉快。

　　在大腦裡，火花來自多巴胺。多巴胺是一種神經傳導物質，會在人覺得愉悅時由杏仁核分泌出來。每當收到生日禮物、獲得上司肯定，或是得到獎賞，多巴胺就會大量湧入我們的大腦。想想你走進一家商店，聽到店員對你說「免費試吃！」時感受到的喜悅──那種興奮感純粹是多巴胺造成的結果。

　　多巴胺有一項值得注意的特質：會增強記憶力。分子生物學家麥迪納把多巴胺比喻為心理標記。他說：「多巴胺對記憶與資訊處理具有極大助力。你可以把多巴胺想成一張寫著『記住這一點！』的便利貼。大腦如果對某項資訊貼上這麼一個化學便利貼，就表示這項資訊比較會被充分處理。」換句話說，要令人難忘就必須引發化學愉悅感。**一旦在談話中引發多巴胺分泌，你不但會讓談話對象感到愉快，對方也會賦予你比較高的重要性，從而加強你令人難忘的程度。**

　　問題是：要怎麼在談話中引發多巴胺分泌？我很想叫你在口袋裡帶些小禮物，就像生日派對上的魔術師一樣，可是這種做法不太實際──而且商務套裝的口袋空間也不大。其實，你可以透過口語引發愉悅的感覺。不是只有以色彩鮮豔的包裝紙包裹起來的東西才是禮物。獎賞不一定要有金錢符號，滿足感不只來自生理上的愉悅。

　　你有三個方法可以把談話變得更令人愉快、難忘。現在就來把閒聊變成目的性閒聊吧。

步驟 1：談話刺激素

有一天，我坐在某個晨間新聞節目的攝影棚裡，緊張地等著我的段落開拍。突然間，我很喜歡的作家走了進來——《享受吧！一個人的旅行》作者伊莉莎白‧吉兒伯特。我大吃一驚，隨即開始絞盡腦汁，想要找些有趣的話來說。我一心想要和她交談，卻不曉得要說什麼才能引起她的興趣。面對一位文學明星，一位暢銷書作者，又是我個人的偶像，我該說些什麼？我該問她的書嗎？不要，太明顯了。我該問她是哪裡人嗎？不要，太乏味了。我該不該直接脫口對她說我有多熱愛她的書？不要，太狗腿了。

就在我能鼓起勇氣對她開口之前，攝影棚裡的另一名來賓對我們兩人微微一笑，然後說：「你們喜歡湯嗎？」

好吧，這是我絕對想不到的開場白，但我心懷感激。我盯著那位來賓，對她的勇氣目瞪口呆，同時屏息以待——吉兒伯特女士會怎麼反應？令我訝異的是，她雙手一拍，開始對我們說起她最喜歡的冬季湯品。我們紛紛回憶起祖母做的燉菜，並且針對在旅途中尋求健康飲食可能遭遇的窘境談笑了起來。誰想得到，以湯作為開場白竟能引發如此熱烈又有趣的討論？

我後來才知道，另外那位來賓是廚師，剛出版一本湯品食譜，而吉兒伯特正在美國西岸宣傳她的書，我當時則要在節目上談友誼的科學——而且我們在現場播出之前都還有三十分鐘的時間必須打發。我們需要的，就是一個引發談話的火花。

大多數談話都是這麼進展的：

請問你在哪裡高就？

真好。你是哪裡人？

哦，我從沒去過那裡。你怎麼會到這裡來？

原來是這樣。嗯，我再去拿一杯飲料……

無聊透頂！這樣的談話就相當於小朋友玩的遊樂設施，裡頭幾乎沒有情緒刺激，沒有火花，沒有高點，只是緩慢邁向一個毫無高潮的終點，悶得要命。現在該升級玩太空山了。

　　我知道，有時我們不免懶惰，或是純粹害怕嘗試新主題。可是，每次和人交談都遵循幾乎一模一樣的社交劇本，有什麼意義？如果你和新客戶談話的內容無聊至極，事後對方根本不會記住任何內容，這樣的談話有何意義？腦袋空空地與人互動，有什麼意義？

　　目的性閒聊必須提出能引發談話火花的新鮮問題。我稱之為談話「刺激素」，而不是「開場白」，因為這種話題會引發新想法、導入我們從沒想過的主題，並激發深入的討論。

　　人為什麼會從新奇當中獲得樂趣？

　　神經生物學家班澤克博士與杜佐博士進行了一項他們稱之為「怪咖實驗」的研究：研究人員讓受試者看一系列圖像，同時對他們進行功能性磁振造影掃描。大多數圖像描繪的都是同一張臉和同一個場景，不過，偶爾會出現一系列「怪咖」圖像。

　　受試者觀看每個圖像時，研究人員都會測量他們腦部不同區域的血液流入量。結果發現，怪咖圖像會觸動大腦的「新奇中心」（黑質與腹側被蓋區）。以下是新奇為什麼重要的原因：

　　·**記憶與學習：**怪咖圖像會觸動受到海馬迴影響的區域，而海馬迴乃是大腦的學習與記憶中心。新奇會促使大腦打起精神、集中注意力、更充分處理談話內容。希望別人記住你的名字嗎？那就引發對方的興奮與新奇感吧。

　　·**愉悅感：**這個新奇中心與杏仁核裡的多巴胺路徑互相連接。新的想法與主題會促使這個區域分泌多巴胺，從而讓我們深感愉悅。

　　·**興趣：**多巴胺也會鼓勵我們尋求更多獎賞。換句話說，一點點新鮮對話就能促使雙方都想要更深入並進一步探索。杜佐博士解釋道：「一旦看見新奇的東西，我們就會認為那個東西具有在某方面為我們帶來獎賞的潛力。這股存在新事物當中的潛力，會激勵我們探索自身環境以尋求獎賞。」

　　捨棄社交劇本，驅使自己善用談話刺激素，會讓你比較有可能享受互動，並記得談話的內容。

　　我們做過一組快速交流實驗：將超過三百名受試者隨機搭配在一起，藉此測試談話開場白。我們在每一張椅子上為受試者準備了七張卡片，每張卡

片上都有一句談話開場白和填寫評分用的空格。

　　所有人都就座之後，我們就展開快速交流活動。每一句開場白都用來從事一回合的談話（歷時三分鐘）。三分鐘結束後，我們就按鈴，然後由每位受試者為這句開場白帶來的談話品質評分——1 分代表無聊，5 分代表精采。以下就是那七句開場白，你猜得出哪三句的分數最高嗎？

　　____ 談談你的人生吧。
　　____ 你好嗎？
　　____ 今天最讓你開心的事情是什麼？
　　____ 請問你在哪裡高就？
　　____ 你最近有沒有遇到什麼令人興奮的事？
　　____ 你怎麼會到這裡來？
　　____ 你目前在從事什麼充滿個人熱情的計畫？

　　分數高低的差異非常明顯。以下就是這七句開場白依評分高低排序的結果：

　　1. 今天最讓你開心的事情是什麼？
　　2. 你目前在從事什麼充滿個人熱情的計畫？
　　3. 你最近有沒有遇到什麼令人興奮的事？
　　4. 談談你的人生吧。
　　5. 你怎麼會到這裡來？
　　6. 請問你在哪裡高就？
　　7. 你好嗎？

　　有時，我們也會讓受試者任選一句開場白，並寫下他們挑選了哪一句。其中最熱門的開場白是：「你目前在從事什麼充滿個人熱情的計畫？」及「談談你的人生吧。」

　　問題是，大家最常使用的開場白——「請問你在哪裡高就？」及「你好嗎？」——都被評為最無聊。既然如此，我們為什麼還繼續使用？

　　我們出於習慣而謹守社交劇本。大家之所以一再採用同樣那幾句無聊的開場白，是因爲那些開場白在我們的舒適圈內。可是你知道嗎？算得上火花的東西絕不可能出現在舒適圈裡。**如果繼續使用社交劇本，你就會永遠陷在閒聊的泥沼中。**

　　我邀請你採用在我們的實驗裡分數很高的談話刺激素：

與其說……	請採用……
工作還好嗎？	最近有沒有在做什麼有趣的專案？
你好嗎？	今天最讓你開心的事情是什麼？
請問你在哪裡高就？	你有沒有在從事什麼充滿個人熱情的計畫？
你家人還好嗎？	最近有沒有要去哪裡度假？
你是哪裡人？	談談你的人生吧。
一切都還好吧？	你這個週末要做什麼？
最近忙嗎？	你都怎麼放鬆？

　　新奇事物不只可以影響面對面的談話，也能爲線上與線下的互動添加火花。「OK 愛神」（OkCupid）是一個活躍用戶超過三百五十萬的交友網站，他們針對網站上的活動進行資料分析，藉此找尋種種成功模式。其共同創辦人亞甘指出，在線上交友訊息中以「你好呀」開頭的男士，成功率比採用「嘿」或「嗨」的單身漢高了 40％。在問候語上，愈獨特愈好。

問候語

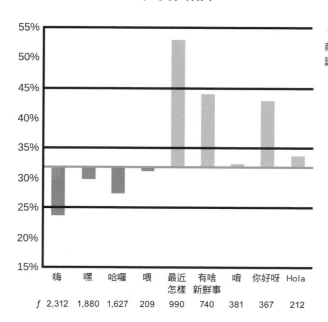

f=每寄送10000則訊息的頻率。
前七大談話刺激素中含有該關鍵
詞的訊息獲得的回覆率。

	嗨	嘿	哈囉	喂	最近怎樣	有啥新鮮事	唷	你好呀	Hola
ƒ	2,312	1,880	1,627	209	990	740	381	367	212

使用典型的「哈囉」「嗨」或「嘿」，在私訊中獲得回覆的機率非常低，「你好呀」、西班牙文問候語「hola」，甚至「唷」，成功率還比較高。而最好的問候語「最近怎樣」及「有啥新鮮事」，則是向對方提出問題，可以激發火花。

不要再問那些老掉牙的無聊問題了，去找尋能讓人興奮、激發興趣並產生火花的話題吧。

再提供一個訣竅。有時候，如果提出某個談話刺激素讓我覺得焦慮不安，我就會跟對方說：「我正在練習開聊，可以問你一個我目前正在試驗的談話刺激素嗎？」這個問題本身就會促使人分泌多巴胺！每當我以這種方式預告我即將提出的問題，總是會得到正面回應——實際上，對方通常會靠過來，好奇地揚起眉毛，興奮地說：「好啊！聽起來真有趣！」

步驟 2：投對方所好

製造談話高點的其中一種方法，就是**找尋別人深感興趣的議題**。這樣的主題、嗜好或活動，可以點燃一個人的熱情。對方如果出現下列反應，你就知道你已成功投其所好：

· 開始不斷點頭，彷彿說著：「非常好！」
· 喃喃發出「嗯，嗯」的同意聲。
· 傾身靠近你，以便聽得更清楚。
· 回覆的電子郵件內容比以往更長。
· 發出「噢！」或「哇！」的驚呼聲。
· 對你說「真奇妙」「真有趣」或「繼續說下去」。
· 揚起眉毛——這是一種普世共通的行為表現，表示一個人被激起了好奇心。
· 發出「喔」或「啊」的回應。
· 露出微笑，且手勢變得更熱切。

以上這些顯示對方受到吸引的身體動作一旦出現，你就知道自己已順利投其所好，而觸發了一些多巴胺。

托斯卡諾在他的導覽中尋求的就是這種反應。他指出各種事物或講述故事，然後看看自己是否引發興趣；如果有，他就會提出更多細節。

你可以透過專為尋找特定興趣所提出的談話刺激素，找出對方喜好的議題。我先前提到的「OK 愛神」網站就發現，在私訊中提起特定興趣，是最有效的做法。一般的話題很無聊，你談論的主題愈明確，愈有可能發現對方的愛好。

最常收到回覆的訊息含有「重金屬」「素食」及「殭屍」這類字眼。為什麼？因為這些話題有可能正好迎合了對方的喜好，就算沒有，至少你們還有個特殊話題可以聊。

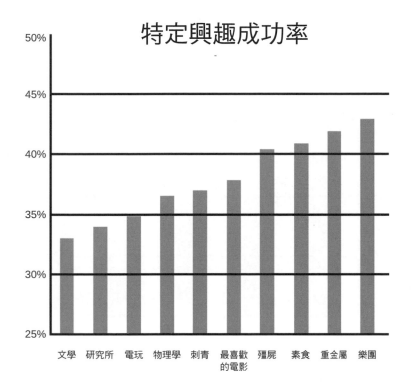

特定興趣成功率

多數成功的使用者實際上都指出了可望投對方所好的議題。他們瀏覽一名使用者的個人檔案，然後猜出什麼話題有可能刺激多巴胺分泌。包含「你提到」「好品味」及「我注意到」等字眼的訊息，回覆率都很高。

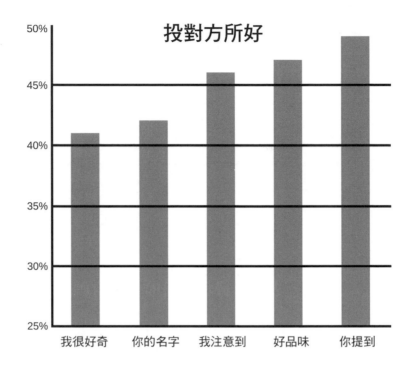

你可以在談話中尋找對方的喜好。在下面這些問題中,可能投對方所好的部分以粗體字呈現:

· 你提到你是**大哥大姊會**的志工 —— 你擔任他們的志工已經很久了嗎?
· 你要求喝**阿根廷紅酒** —— 你是葡萄酒愛好者嗎?
· 我注意到你的皮包是**手工編織**的 —— 那是你自己做的嗎?
· 我對你的口音很好奇 —— 你是**這裡人**嗎?
· 我剛剛看了你的**書架** —— 你對書很有品味呢!
· 你的名字真美 —— 這是你們**家族**的姓氏嗎?
· 我在臉書上看到你張貼了**新養的狗兒**的照片 —— 你怎麼會決定要養狗?

對方的眼睛一旦亮起來,你就知道自己已成功投其所好。這時,你就可以繼續問背景故事、各種細節,深入挖掘這項議題。這樣不但能造就一場精

采的談話，也會促使大腦分泌更多的多巴胺，從而讓你更令人難忘。不論是面對面談話，還是透過電子郵件或電話，「投其所好」都是引發對方興趣一種簡單的方法。

步驟 3：出奇招把人喚醒

你也可以利用談話刺激素及投其所好的方法，把人喚醒。

一九九四年，三名研究人員雇用一名演員在街上向人討錢。他們測試了三句話：

1. 請問你可以給我一些零錢嗎？
2. 請問你可以給我一個 25 分錢的硬幣嗎？
3. 請問你可以給我 37 分錢嗎？

你猜得出哪一句問話效果最好嗎？沒錯，第三句話讓最多人掏錢。

1. 請問你可以給我一些零錢嗎？（成功率為 44％）
2. 請問你可以給我一個 25 分錢的硬幣嗎？（成功率為 64％）
3. 請問你可以給我 37 分錢嗎？（**成功率為 75％**）

研究人員發現，稍微不尋常或令人吃驚的要求，會引起最大的興趣。這就像給大腦喝咖啡一樣。獨特的問題、出人意料的故事，以及不尋常的事件，會提高我們在談話中的注意力。換句話說，**與眾不同能將人喚醒。**

你如果努力表現得和其他人一樣，只會讓人覺得無聊。你如果努力遵循常規，就難以令人留下印象。你如果想表現得「正常」，就會變得乏味。儘管表現出自己的本色，因為你是獨一無二的。假如你有點怪異，就欣然接納這項特點吧，對的人自然會因為這樣而喜歡你。

要做到這一點不一定容易，我們很難接納自己的獨特。開始在談話中運用獨特的刺激素之前，我先在網站上做實驗。舉例而言，大多數網站都要求你「點擊這裡！」或「點此註冊」或「點選這個連結」，於是，我決定嘗試

比較獨特的做法 —— 我在我網站的邊欄放了一個按鈕，上面寫著「不要點擊這裡」。

不要點擊這裡

結果，那個按鈕連結的網頁成了我的網站中造訪次數名列前茅的一個網頁，純粹因為那個按鈕上的文字與眾不同。順帶一提，我為點擊那個按鈕的使用者提供的獎賞，是一部可愛動物寶寶的影片。

膽子比較大了以後，我開始想知道，我有沒有可能在電梯簡報裡添加談話刺激素，為其增添一點色彩？我原本的電梯簡報為：

「我是作家。」

無聊透頂！別人雖然聽見了，卻沒有真正聽進去。我決定自己做個實驗：我想出描述自己職業的三句話，並且分別為每一句話印一組名片，每組名片上的電子郵件地址各不相同。

· 我是作家。
· 我書寫人的故事。
· 我是職業觀人師 。

接下來的幾個星期，只要有人問：「請問你在哪一行高就？」我就會用其中一句話回應，然後對方如果向我要名片，我就會掏出對應那句話的名片。我開始記錄這三句話的效果，不只看哪一組名片發出去最多，也包括哪個電子郵件信箱收到最多來信。

我對結果不該感到意外。「我是作家」那句話並未讓太多人向我索取名片，而且拿到這組名片的人在活動結束後也沒有多少人會和我連絡。「我是職業觀人師」則不但逗人發笑，也讓許多人向我索取名片。我後來甚至開始實驗在名片印上獨特的圖像與內容，結果發現這些名片總是獲得比較多迴響，並為我贏得更多客戶：

凡妮莎・范・愛德華茲
作家暨行為研究者

　　由於談話刺激素對我的電梯簡報有效，我很想知道對其他人是不是也有用。我最喜歡的電視節目之一是《創業鯊魚幫》，在這個節目裡，創業家向一組被稱為鯊魚的投資者提出自己的創業想法。我想知道提案簡報是否有模式可言，於是決定舉行一場大規模的《創業鯊魚幫》實驗。

　　截至二〇一六年一月為止，已經有 495 名創業家在《創業鯊魚幫》節目裡提案，其中 253 人獲得投資，242 人沒有，兩者之間有何差異？我們分析了全部 495 個提案，發現成功與不成功的創業家之間存在明顯差別。其中一項立刻引起我們注意的差異，就是特別突出的創業家會在提案簡報中運用談話刺激素及投其所好的做法。**創業家如果在提案簡報中添加一點獨特的要求、嘗試一些稍微不同的東西，或是加入互動性，獲得投資的可能性就會高出許多。**

　　成功的創業家裡，有 63％都運用獨特的提案簡報方式獲得投資。有些創業家帶了吉祥物上節目，有些則帶名人，而接吻唇膏的提案者甚至要求其中兩位鯊魚在節目裡親吻，以嘗試他們這種唇膏的效果。

　　這是創業家為自己的提案簡報創造火花或高點的一種方法。鯊魚在每一集節目中都會聽到好幾十個提案，所以，每當有一名創業家嘗試獨特的做法，就會促使投資者的大腦分泌多巴胺，而喚醒他們。

　　談話刺激素能為任何互動添加燃料。我非常喜歡利用出人意料的手法激發別人的興趣，例如，我經常搭配名片送人一根棒棒糖，棒棒糖的包裝上印著：「學著表現得好棒棒。」

　　別人如果來辦公室拜訪我，我會為他們端上熱可可，而不是咖啡。參加商展，我會在桌上準備一碗跳跳糖，而不是薄荷糖。我在家裡的客房洗手間準備了一盒 R2D2 機器人造型的水果糖，並在藥品櫃裡準備了一本禮物書，向開櫃窺探的客人表達歡迎之意。我會送別人空氣鳳梨，而不是花。我也會在我的網站上藏些驚喜（也就是隱藏式連結，一旦點擊，就會連結到一部影片，讓使用者看我講一個老掉牙的笑話）。

　　想想你可以怎麼為人生的不同領域注入生氣，這能夠為你遇見的人創造許多充滿多巴胺的時刻。再強調一次，這種做法需要一些勇氣，但只要添加一點點獨特性，你就能為自己的談話、提案簡報、會議、派對及社群媒體注入豐富的內容。以下再提供一些能讓你為自己與人的互動添加火花的方式：

　　· **為你的職銜增添新鮮色彩**。速貸公司有一位「雜項副總裁」，負責為各種事務提供幫助。霍頓米夫林哈考特公司將其接待員稱為「第一印象主任」，因為他們通常是公司對外的門面。

　　· **別在 Instagram 上發布美食和夕陽的照片了**。貼一些別人沒看過的東西吧。新手媽咪暨攝影師泉川蘿拉把她睡夢中的新生兒裝扮成名人和虛構人

物，例如《冰與火之歌：權力遊戲》裡的瓊恩‧雪諾、皮卡丘及碧昂絲，再為寶寶拍下（可愛到極點的）照片，發布在 Instagram 上。在我寫下這段文字時，她的 Instagram 跟隨者已經超過四十萬人，並獲得許多媒體報導。

　　‧在電子郵件簽名檔放一句獨特的引文。諾亞‧卡根是一項電子郵件與分析軟體的創作者，他每封電子郵件的結尾都有這個逗趣的句子：「P.S. 啊你還不安裝免費的 SumoMe.com 獲取更多電子郵件訂閱用戶嗎？」他刻意用俚俗的文字模仿網路上的熱門無厘頭搞笑話語，讓他的請求深具獨特性，且非常吸引人點擊。

　　‧不要為客戶端上咖啡，換成香草茶、檸檬汁或蛋糕棒棒糖。有一次，我到聖地牙哥一家著名的飯店住宿，結果領到的房卡還附了一個棉花糖杯子蛋糕──多麼令人驚喜的歡迎禮物啊！搭乘電梯及剛進房那段時間，我實在開心得不得了。

　　‧參加每人出一道菜的活動時，別再端出千篇一律的炒麵、炒米粉或炸雞了，做一道沒人嘗試過的菜餚吧。圖片社交網站「拼趣」（Pinterest）上可以找到無窮無盡的點子，包括彩虹杯子蛋糕、棉花糖米香冰淇淋，以及酸黃瓜洋芋片。

　　‧與其發送感謝卡，不如發送感謝貼紙──或者感謝別針、感謝棒棒糖或感謝爆米花。在一場專業婚禮顧問的研討會上，主辦單位贈送與會人員著色本及鉛筆，以供活動期間或搭機返家的旅程中使用。與會人員都非常喜愛這項禮物，也在社群媒體上以該研討會為話題標籤分享多不勝數的照片，全是他們利用那套紙筆創作的成果。

　　別怕嘗試新笑話、講述蠢故事，或者提出非典型的談話刺激素。這麼做會讓你在活動中的體驗變得更精采，也可為別人的體驗增添風味，並因此獲得你永難忘懷的談話。

　　你的顧客沒有義務記住你，確保他們沒有機會把你忘掉，是你的義務和責任。

──派翠西亞‧佛瑞波

額外訣竅：說對方的名字

你大概聽過，在談話中稍微提及對方的名字是一項很迷人的舉動。我們每個人都喜歡聽到自己的名字。

研究顯示，相較於別人的名字，我們聽到自己的名字時，大腦的中前與上側顳葉皮質都會變得比較活躍——那也是杏仁核與海馬迴所在之處。

托斯卡諾之所以那麼容易和他帶領的遊客打成一片，這也是原因之一。他特別注重在旅程一開始就迅速記住每個人的名字。

你不善於記別人的名字嗎？從此以後再也不會了。以下是我的三步驟名字遊戲，每次認識新對象時，你都可以玩玩看。

1.**見面與複述**：一聽到別人介紹自己的名字，就大聲對他們複述一遍：「伊萊莎，真高興認識你！」或「伊萊莎，這是我的同事珍娜。」這樣做可以活絡你記憶中的聲音部分，讓你能夠聽見自己的聲音說出對方的名字。此外，這也能促使對方的大腦分泌多巴胺。

2.**視覺化**：接下來，賦予那個名字一個視覺提示。記憶專家蓋瑞·斯默爾博士鼓勵人在腦子裡把自己想記住的姓名寫出來。此外，你也可以想像一幅和那個名字有關的圖畫。

3.**聯想與錨定**：最後，把那個名字和你認識的其他同名人士聯想在一起，甚至是名人也沒關係。這樣做可以把那個名字和你熟悉的人連繫在一起。舉例而言，每次遇到叫麥特的人，我總是會在腦子裡讓他和我其他名叫麥特的朋友坐在同一張牌桌上。

4.**額外訣竅**：如果對方的名字很獨特，或是你以前從沒聽過，就把那個名字和一個最接近的詞聯想在一起。比方說，我曾經遇過一個名叫賽德的人（發音和蘋果酒〔cider〕很相近），於是我就在腦子裡想像一杯不斷冒著氣泡的蘋果酒。活動結束後，他對於我還記得他的名字大吃一驚。

這需要一些練習，但的確是把名字遊戲化的一種有趣做法。

再提供一個撇步。如果你徹底忘了一個人的名字，就和身邊的人建立一套系統：每當你向他們介紹一個人，他們就該詢問對方的名字。舉例而言，

我先生如果說「我很想把你介紹給我太太認識」，卻沒有提起那個人的名字，就表示他忘了對方叫什麼。這時，我便知道要問：「很高興認識你，請問你貴姓大名？」易如反掌。

找出你的談話火花

想要擁有精采的談話，就必須製造火花。你可以記住對方的名字、運用談話刺激素，或者投對方所好，以創造談話高點。別再腦袋空空地從事一成不變的談話了。不要使用社交劇本，要點燃談話火花；別再消極聆聽別人說話，要主動迎合對方的喜好；透過創造談話高點，為對話注入生氣。要讓人更難忘記你，方法就是真正記住對方——包括他們的名字，乃至他們的興趣。終結乏味的閒聊，即可建立深厚的連結。

給自己的挑戰

1.在本週運用一個談話刺激素，看看這麼做會如何徹底改變你和別人的互動。
2.試著在提案簡報、電子郵件簽名檔或下一次的談話中添加一些迎合對方喜好的內容。
3.打開電視，找一部你從沒看過的影集。影集中每介紹一個新人物，就試著玩那個三步驟名字遊戲。這是一種低風險且很輕鬆的練習方式。

重點回顧

　　記住，大家都不喜歡和無聊的人相處。要造就令人興奮的談話並創造讓人難忘的連結，最好的方法就是點燃談話火花。能夠吸引我們的，是可以帶來愉悅感、投我們所好、使我們保持清醒，並記住我們名字的人。

· 丟掉社交劇本，把閒聊轉變為目的性閒聊。
· 找出能夠引起人興趣的話題。
· 藉由叫出對方的名字、問出獨特的問題，以及提起新奇的話題，
　創造火花。

我在本章得到最大的收穫是：

_____

Chapter 4

凸顯對方

如何成爲場子裡最令人難忘的人

　　我的沉默誓言持續了七天。不說話，不書寫，不在社群媒體上發文，不回覆電子郵件。

　　那一週是我一生中最艱苦、最內省，也最折磨心靈的一段時光。我差點瘋了。

　　我之所以那樣做，是因爲某個朋友向我提出一個令我震驚的忠告，那是我這輩子聽過最嚴厲卻很有建設性的回饋意見：「你很會插嘴。」

　　驚恐之餘，我試著釐清她的意思：「怎麼說？你認爲我在你說話時插嘴嗎？」

　　她溫和地解釋道：「沒錯。而且，我也聽過你在別人說話時插嘴。」

　　砰！震驚，羞愧，然後是一點自我省思：我很怕尷尬的沉默。我最怕別人說完一句話，結果沒人知道該怎麼接下去的時刻。爲了避免這種令人不自在的停頓，我養成了插嘴的習慣。更糟的是，我後來甚至在別人的話還沒說完時就分心先規畫自己的回應。這是一種非常糟糕的互動方式，不僅對人不尊重、不眞誠，而且對參與互動的各方而言都很讓人筋疲力竭。

　　我了解到，如果我想要快速學習成爲更好的聆聽者，說話就不能再那麼唐突。於是，我立下了那個沉默誓言。二〇一四年八月十日，我立下誓言，並告訴所有的讀者和同事，我將不再說話，要身處沉默當中，直到沉默不再那麼令我害怕爲止。

　　不過，還有一個障礙：我雖然不能說話，但還是想要聆聽。因此，與其躲在家裡看書，我強迫自己正常參加所有會議、交流活動及晚宴，但在那些活動中只單純聆聽。這麼一來，我就必須全心專注於當下。我不能想著要提出什麼風趣的回應、逗趣的故事或接續下去的話語，我的頭號目標就是單純

把全部心力投注於聆聽。我甚至也不准自己書寫——如果不這麼做，我還是會想著各種巧妙的回應，而不會專心聽人說話。我唯一准許自己做的，是帶著四張預先製作的卡片，以便拿給我遇見的人看。這四張卡片上分別寫著：

1.「我立下沉默誓言，正在努力成為更好的聆聽者。」
2.「請向我談談你自己。」
3.「抱歉。」
4.「謝謝你容許我保持沉默。」

　　第一天最痛苦。走進第一場交流活動時，我整個人緊張得汗流浹背，顫抖不已。別人會不會被我嚇跑？在那些瀰漫著厭惡感受的靜默時刻，我該怎麼辦？交流活動的參與者有沒有可能因為不和別人交流而被趕出去？
　　一名紳士向我自我介紹時，我驚慌不已。不過，我還是顫抖著舉起第一張卡片：「我立下沉默誓言，正在努力成為更好的聆聽者。」
　　令我喜出望外的是，他居然笑了起來，並對我談起他在大學時期曾經因為喉炎而一度失聲，結果那是他這輩子最酷也最瘋狂的一次經驗。接著，他談及自己在那次經驗之後的幾個星期認識他太太，然後又談到自己對子女懷有的期望，最後向我要了名片。我從頭到尾一句話都沒說。我根本不需要說話，他只是想要有人聽他說話而已。
　　身為人，我們都迫切需要別人的聆聽。我在立下沉默誓言那段期間學到最重要的一件事：**最棒的談話不是取決於你說了什麼，而是你聽到了什麼。**我在那一週的沉默中建立的商務人脈，勝過我在前一週參加的業界研討會。一位女士甚至在我的沉默誓言結束後的第一天寄了一封電子郵件給我：

　　　　嘿，凡妮莎！我一直想著我們昨晚的談話。我剛加入你的肢體語言課程，已經等不及要開始上課了。未來幾週你如果有空，我很想帶你去喝杯咖啡。

　　這封電子郵件完全超乎我的想像！我連一句話都沒說，但我們的「談話」卻如此令人難忘，甚至為我帶來一位顧客。為什麼？

沉默的科學

雖然大家都不願意承認，但我們其實非常喜愛談論自己。實際上，人類的口語輸出有 30% 至 40% 都投注於自我揭露。在推特與臉書這類社群媒體網站上，這個比例更是膨脹到 80%。

哈佛大學的神經科學家黛安娜・塔密爾與傑森・米契爾發現，人在談論自己時，大腦會出現一些變化 —— 構成中腦邊緣多巴胺系統的大腦區域會變得更活躍。看到關鍵字「多巴胺」沒有？**談論自己會帶來愉悅感。**

在一項實驗裡，參與者甚至為了揭露更多關於自己的資訊，願意放棄金錢 —— 沒錯，人願意付錢獲取表達意見的特權。

這就是卡內基的名言「要成為有趣的人，先要對別人感興趣」背後的科學，也是我的沉默誓言效果那麼好的原因。當你對別人感興趣，當你聆聽，當你讓別人說話，他們就會感到愉悅。

立下那個沉默誓言之前，我的腦子總是轉個不停，想著接下來要說什麼。我沒辦法真正把別人說的話聽進去，因為我太忙著要想出風趣的笑話、精采的故事及巧妙的回應。這種互動方式非常糟糕，我非但不專心，也因為分心而冒犯了別人。後來，我意外發現，沉默為我贏得的朋友竟比以往的過度熱切還要多。這是否意味著我們都應該在互動中保持沉默呢？當然不是。對別人感興趣只是第一片拼圖而已。

第一步：當你提出一句促使大腦分泌多巴胺的談話刺激素，並聆聽對方的回應時，對方就會因此感到愉悅。成功！不過，真正的重點在於你接下來做的事。

第二步：你有沒有重視對方說的話？你聆聽的重點是什麼？你怎麼回應對方的自我揭露？精采的互動不會只有單方面。

重點是：沉默不只幫助我學習如何避免插嘴，也教導了我一種新的聆聽方法。

我從來不曾在說話時學到任何東西。

—— 賴瑞・金

沉默聆聽也是一種管理風格

艾佛瑞‧斯隆接任通用汽車營運副總裁的職位時，這家公司正處於低潮。一九二〇年，通用汽車只占全美汽車銷售量的 12%。斯隆有更大的夢想。面對競爭對手福特汽車，他認定最好的抗衡方式就是直接去經銷商那裡改善銷售狀況。斯隆開始親自走訪每一家經銷商，聆聽業務員的想法。斯隆的獨特做法在當時前所未聞──幾乎可以說是旁門左道。《紐約時報》報導：

> 「你可能會很驚訝，」他當時說，「我和許多同事親自走訪美國幾乎每一座城市，從大西洋到太平洋，從加拿大到墨西哥。我一天會造訪五到十家經銷商，到他們的營業處和他們見面，在他們的辦公桌前和他們談話，請求對方針對他們和公司的關係提出建議與批評。」

和經銷商會面時，斯隆並未試圖說服他們接受他的想法。他曾這麼說：「我寧可求助於他人的智慧，而不要以自己的權威凌駕於對方之上。」他被人暱稱為沉默斯隆，因為「他聆聽時，帶有像聾人努力聽人說話那種特別專注的態度」。

斯隆執掌通用汽車直到一九五六年，在任期間率先推動汽車科技的許多重大進展。在他一九五六年離職時，通用汽車已是全世界數一數二成功的公司，市占率超過 52%（相較於斯隆剛就任時的 12%，實在是一大躍升）。

傑出商業作家彼得‧杜拉克是斯隆的朋友，杜拉克並未把斯隆的成功歸功於大膽的願景或鐵腕策略，而認為是他「聆聽導向」管理風格的功勞。斯隆是怎麼精通聆聽技藝的？以下是他工作的方式：

‧一週開六天會，其中三天有正式議程，另外三天則是應付臨時出現的問題。
‧除了說明每場會議的主要目的，斯隆在這些會議中都只是默默聆聽，幾乎從來不做筆記也不說話，頂多偶爾為了釐清某些事而提問。杜拉

克指出，他在每場會議結尾都會提出一段一針見血的簡短總結，並向所有與會人員道謝。

· 在每場會議結束後，斯隆都會挑選一位負責的主管，並寫下一份簡短的備忘錄，概述會議上討論的內容、接下來應該採取的步驟、工作分配，以及確切截止日期。這份備忘錄會發送給所有與會人員。

斯隆推翻了何謂「有效領導」的傳統看法。一九三一年，麻省理工學院成立了第一項專為企業主管設計的大學學程，稱為「斯隆研究學程」，後來又在一九五〇年成立斯隆管理學院。

在三十年的時間裡，沉默斯隆**藉由他聽到的東西，而不是他說的話來領導**。他認真聆聽，然後付諸行動。我把這種行為稱為「扮演螢光筆」。

藉由找尋別人最好的一面，你也會展現出自己最好的一面。

——吉恩·貝德利

技巧 1：扮演螢光筆

我對文具用品有點著迷。記得當初從我哥哥那兒「接手」了我這輩子第一枝黃色螢光筆之後，那枝筆完全改變了我的人生！那一小枝色彩鮮亮的筆幫助我學得更快、記得更多，並且凸顯重點。

最優秀的溝通者也會做同樣的事——他們就像談話螢光筆，透過聆聽更了解一個人、記住對方說的話，然後找出其中的重點以採取行動。

到目前為止，你已經設計了你的社交作戰策略、運用三項武器，以及為談話點燃了火花。接下來呢？現在該是精通聆聽的藝術及科學的時候了。你可以透過扮演螢光筆做到這一點。

行為密技 4
扮演
螢光筆

藉由凸顯對方的長處，激發他們最好的一面。

　　一旦知道該聽什麼，你就知道該如何回應。凸顯對方也可以讓你練習更令人耳目一新且誠實的互動。凸顯對方不是美化，不是拍馬屁，也不是狗腿，而是彰顯你真正認為值得注意的事物，並展開真正的談話。

　　艾蜜莉・麥克道爾藉由實話實說及凸顯對方，創立了一門生意。而且，這還是意外的結果。二〇一二年，艾蜜莉想到了一個製作與眾不同情人節卡片的點子：她想幫助那些雖然有約會對象，但還沒和對方正式定下來的人度過這個節日。

　　於是，她找當地一家印刷廠印了一百份以下這張卡片，然後在二〇一三年一月底放到網路市集販賣。她稱這張卡片為「彆扭約會卡」。

我知道我們其實，呃，
沒有在一起或什麼的，
但什麼都不說感覺又很
怪，所以我買了這張卡
片送你。
這沒什麼大不了，也不
代表任何意義，卡片上
連個愛心也沒有。
所以，基本上只是送張
卡片向你打聲招呼。

算了，別當一回事。

　　這才是不折不扣的談話刺激素！她這張卡片毫不掩飾的誠實與幽默隨即在網路上爆紅，三個月後，她收到一家服飾公司訂購 96000 張卡片的訂單。艾蜜莉開始創作更多誠實海報、別針、托特包及紙製品，讓送禮者用來凸顯收到這些禮物的人。

　　她創作了一張坦率得令人噴飯的生日卡片，上面寫著：「想到你，感覺就像想到我的冰箱裡還有冰淇淋一樣。」

　　你還可以買到「每日成就獎」筆記本，讓朋友或同事填寫空格處，以凸顯一項最近完成的任務：「謹此頒發給 ＿＿＿＿＿＿，以表彰 ＿＿＿＿＿＿ 這項樸素卻艱鉅的任務。我們要向你獲得的勝利致敬。」

　　艾蜜莉這種凸顯他人的驚人做法讓我深感興奮，因為有一次，某人給了我一張卡片，上面寫著：「我注意到你有多麼了不起。」那張卡片令我開心不已！我於是買了一疊她的卡片，用來送人，卡片上寫著「我愛你愛到爆」及「你一點都不爛」。

　　艾蜜莉的卡片之所以如此強而有力，是因為那些卡片的內容不但提出讚美，也說了實話。任何人都可以像賀曼公司的賀卡一樣，對人說出平淡乏味的恭維和了無新意的陳腔濫調，然而，凸顯別人不只是給予尋常的讚美。如同艾蜜莉的卡片，凸顯別人的重點在於真心期望別人發揮最好的一面，並幫助你人生中的每一個人在其表現、行為及整體態度上呈現自己最好且最真誠的一面。

高期待產生高表現的畢馬龍效應

　　希臘神話中有一則關於雕刻家畢馬龍的著名故事。根據傳說，畢馬龍用一大塊象牙刻出了他理想中的女性。他的雕像非常美麗又逼真，讓他不禁愛上那尊雕像。畢馬龍很難為情，又羞於承認自己的渴望，於是向愛神阿芙蘿黛蒂獻上祭品。在她的祭壇上，他暗中祈禱自己能遇見一名「和我的象牙女孩一模一樣」的女子。

　　事後，畢馬龍回到工作室，輕輕吻了那尊雕像一下，卻驚訝地發現那象牙嘴唇竟然是溫暖的。他又吻了她一下，結果雕像就活了過來，畢馬龍於是娶了他自己創造的女子為妻。

畢馬龍的神話所談的，是「期望」具有的自我實現力量。畢馬龍根據自己想要的創造了一份藍圖，結果那個藍圖就實現了；換句話說，**遠大的期望會被回應以傑出表現**。心理學家發現這種觀念不是神話，而這個現象就稱爲畢馬龍效應。

當選民被告知，他們比自己的同儕更「政治活躍」（儘管他們只是被隨機選中的），他們的投票率就比對照組高了 15%。

當捐款人被告知，其捐贈金額高於平均（儘管實際上並非如此），他們就會因此捐更多錢，而變成捐贈金額高於平均的捐款人。

當飯店清潔人員被告知，他們從事的是一份會消耗許多熱量的高強度工作，他們就會因此消耗更多熱量。

當電腦對學生發出自動化讚美，他們就會因此表現得更好──就算那些學生明知那些讚美只是電腦的自動回應，結果依舊不變。

正向標籤

人類熱愛獲得正向標籤。正向標籤能改善我們的自我形象，促使我們成爲更好的人。所以，在使用談話刺激素，並看著這些刺激素會把你與人的互動帶往什麼出乎意料的方向時，也要**讓自己驚豔於你的互動對象**。聆聽他們具有說服力的點子，設法凸顯他們的長處，歡慶他們的興奮感受。

以《哈利波特》系列小說中頗爲可笑的分類帽爲例。每個學年開端，霍格華茲魔法學校的學生都會被一頂能感應他們心思的魔法帽分配到不同學院，而且這頂帽子還會完整考量各個學生的隱藏能力。霍格華茲的每個學院各有所長，而且隨著學生升至高年級，他們的特點也愈來愈鮮明。史萊哲林學院的學生通常狡猾而精明，且對黑魔法深感興趣；至於赫夫帕夫學院的學生，則通常會從事照護性的魔法工作，例如鑽研藥草學及照顧魔法生物。總之，**被貼上的標籤愈明確，我們愈是會體現那些標籤**，不論結果是好是壞。

以下是你可以使用的幾個正向標籤範例：

· 「你交遊廣闊──你一定是個人脈達人！」
· 「你對這個組織的投入真是讓我吃驚──有你真是他們的福氣。」

・「你對這個主題懂得眞多——謝天謝地有你在這裡。」

讓興奮感呈幾何級數增長

　　另一種凸顯對方的方式，則是**眞心歡慶對方的勝利，彷彿那是你自己的勝利**。美好感受會和其他美好感受互相激盪而益發強烈，但也會因爲沒有獲得回應而消散。所以，看到某人非常自豪、興奮或充滿熱情時，就加以呼應，表現出同等的正向情緒吧，這樣可以讓對方把你和他的愉悅感受聯想在一起。
　　你可以說些很簡單的話：

・「我眞是爲你感到高興！」
・「那種感覺一定很棒！」
・「這消息眞是太好了，恭喜你！」

　　只要看見令人讚歎的事物，我一定善用機會凸顯對方。我對咖啡師說他的拉花眞是太美了，對朋友新剪的髮型讚不絕口，還會寄明信片給人家，說他們酷斃了。眞的，我沒騙人：

技巧 2：熱烈讚揚

　　想知道社交情境中最常錯失的機會是什麼嗎？介紹兩人認識的時刻。我每週都會收到許多像這樣的電子郵件：

　　　　嘿，凡妮莎，我想介紹你認識戴夫。戴夫，這就是你想要的引見了。希望你們兩人談得來。

　　真無聊！我完全不曉得那個人是誰，也不知道我為什麼應該認識他。同樣的情形也會發生在交流活動、客戶會面及研討會中，我幾乎總是被以最無聊、最了無新意的方式介紹給別人：

　　　　凡妮莎，這位是約翰；約翰，這位是凡妮莎。

　　真是浪費機會！介紹兩人認識的時刻是凸顯對方的絕佳時機，就算你認識某人只有短短幾分鐘，還是能在對方身上找到可以熱烈讚揚的特點。

- ．「凡妮莎，這位是戴夫。他在軟體業混得有聲有色，剛推出一件非常成功的產品。」
- ．「喬，這位是蘇。她是非常出色的畫家，也是我認識的藝術家當中最有才華的一位。」
- ．「柯克，讓我向你介紹安妮。我們剛認識，她正在對我說她去南非旅行的精采故事。」

你甚至可以在自我介紹時也這樣做：

- ．「真高興認識你！聽說你有個很棒的部落格，請告訴我你是怎麼成功的。」
- ．「能認識你真是太棒了。約翰的朋友就是我的朋友，他認識的人總是

很有趣。」

· 「很高興認識你！你的名牌顯示你在肯恩烘焙坊上班——我最喜歡吃那裡的披薩了！你本來就是披薩愛好者嗎？」

為何熱烈讚揚的介紹詞效果那麼強大？首先，你一開始就為人貼上了正向標籤；第二，你為在場的人提出一個絕佳的話題，甚至可能是討論的主題；第三，你讓別人能夠談論自己——他們從事的工作、他們是什麼人，這會促使他們的大腦分泌多巴胺。沒錯，**熱烈讚揚的介紹詞也是個談話火花**。你看，多棒的三贏局面。

技巧3：小心泥人效應

你知道畢馬龍效應的相反是什麼嗎？泥人效應。

泥人效應就是低度期望導致拙劣表現的現象。許蘭克少校決定在美國空軍學院的新鮮人身上測試泥人效應：針對預備學校的一百名空軍士兵隨機分派標籤，分別給予五種虛構的「能力程度」。美國軍隊裡滿是標籤、階級與職務，許蘭克想了解這些標籤會不會影響學業表現。果然，被貼上最差標籤的學員，表現也最差。

泥人效應可能造成全面性的負面效果。麥克納特博士發現，泥人效應在職場上尤其普遍——想想那些會挑選愛將的老闆。以下就是這種做法造成的狀況：

身為老闆的傑夫雇用了一名和他同樣畢業於 XYZ 大學的業務員，特別照顧她，不但比較常和她共進午餐，也總是把最好的任務交給她。畢竟，傑夫認為和他畢業自同一所學校的人接受過最好的教育，而且他也希望自己的校友能成功。她因此獲益於畢馬龍效應。傑夫對她抱持最高的期望，她也拿出最好的表現。其他員工把這樣的偏心看在眼裡，覺得自己被冷落。其中一名主管肯恩是 ABC 大學畢業的，那所學校正是 XYZ 大學的對頭。傑夫常常取笑肯恩——當然是以開玩笑的口吻。肯恩不會在週末獲邀到老闆家看運動比賽，此外，傑夫也一再取笑肯恩進不了 XYZ 大學——肯恩雖然知道他在開

玩笑，還是覺得不太舒服。

　　走廊上與茶水間的閒聊確實會對人造成影響。對人懷有最高的期望不僅對新認識的對象重要，對支持已經存在你生命中的人也很重要。你說了些什麼跟你同事有關的事？你又對他們說了什麼？

　　扮演螢光筆的重點在於不斷找尋他人的優點。當你對別人說他們很優秀，他們就會變得更好；當你用心找尋別人的優點，你就會覺得非常開心。

額外訣竅：凸顯對方才能讓人對你印象深刻

　　你是否曾經想要讓別人對你的知識印象深刻？或是你的經歷？你的成功？我認為，凸顯對方其實才是讓人對你印象深刻的關鍵所在。

　　我的朋友瑟絲黛‧布蘭非常善於扮演螢光筆。她主持一個叫「蟒蛇女士」的社團，這是由使用「蟒蛇」（Python）這種程式語言的女性程式設計師組成的團體。她們每星期都有幾次聚會，藉此交流、腦力激盪，以及協助彼此的程式設計專案。瑟絲黛和她的共同創辦人當初成立這個團體時，就決定為女性創造一個充滿活力與支持的團體。

　　瑟絲黛想出金色星星貼紙的點子──就是小時候老師會送我們的那種貼紙。不論年紀多大，每個人都非常喜歡收到金色星星。於是，在會議和活動中，瑟絲黛都會發送金色星星給貢獻想法、幫忙解決問題或純粹表現傑出的女士。不出意料之外，這種做法深受喜愛。隨著愈來愈多蟒蛇女士獲得金色星星，她們也愈來愈常拿出值得獲取金色星星的表現。這樣的良性循環讓大家的行為不斷向上提升。

　　你不必真的隨身攜帶金色星星貼紙才能凸顯別人，不過這的確會是個很有趣的實驗！凸顯別人的重點在於為對方貼上正向標籤、呼應他們的興奮之情，以及公開表揚他們的良好表現，藉此給予他們情感上的金色星星。

　　想要令人難忘，重點不在於提起你自己的傑出表現，而是凸顯對方的傑出表現。不要努力讓別人對你印象深刻，而是要使對方讓你印象深刻。

真正掌握聆聽技巧

我把沉默誓言變成每年一度的傳統。這麼做可以提醒我停下來，別再插嘴，專心聆聽。現在，數百名讀者以「#沉默誓言」這個話題標籤加入我的沉默冒險，我們在這段期間會捨棄社群媒體、關掉電子郵件，純粹練習聆聽。

每一次，我在沉默誓言期間都會震驚地發現許多人對我提高音量說話，彷彿我的沉默不語也會影響聽力。每一次，我都驚訝地發現許多人對我說話時會採用大量的手勢和肢體動作——沉默可不代表耳聾。最重要的是，結束每一次沉默誓言之後，我都會再次意識到：聆聽雖是促使別人傾吐心聲的絕佳工具，卻只是第一步而已。真正的連結還是來自互動。

我曾經和一名前時裝模特兒共進晚餐。吉娜維芙的外表非常搶眼，有一頭閃亮的紅褐色秀髮、白嫩的肌膚，以及一雙傲人長腿。用餐期間，她舉止文雅、態度親切又認真傾聽，但從頭到尾幾乎沒說什麼話。我如果問她問題，她就會微微一笑，簡短回答，然後啜飲一口酒。我對那次的經驗沒有多想，本來恐怕也根本不會記得，但幾星期後卻發生了一件很有意思的事。

當時，我在派對上和幾個朋友聊天，吉娜維芙正好走了過來。我轉身介紹了她，並且盡力熱烈讚揚。我們雖然共進過一頓晚餐，我對她卻沒有什麼可以介紹的，於是就說得很簡略：「各位，讓我向你們介紹美麗的吉娜維芙。我們上個月在二十三街那家新開的義大利餐廳吃了一頓很棒的晚餐。」

她和眾人一一握手，和我們在一起待了幾分鐘，然後問我要不要和她一起再去拿杯香檳。我們離開之後，她惱怒地抱怨道：「唉！我和你朋友克里斯至少見過十幾次面了，但他每次都不記得我。他這個人到底怎麼回事？」

我一點都不意外。雖然殘忍，但事實是：問題不在克里斯，在她。吉娜維芙沒有給人記住她的理由。**善於聆聽的重點不只在於你聽見了什麼，也在於你怎麼回應你聽見的內容。**

在每一場談話、每一場互動、每一次會面中，都必須給人記住你的理由。吉娜維芙雖有超模的外表和親切的態度，但這樣是不夠的！我不禁把我和吉娜維芙往來的經歷，拿來和我每天在健身房與停車場管理員的互動比較。

我家附近那家健身房有個小得難以想像的停車場，喬治就在那座停車場

負責指揮交通。儘管成天面對的都是滿腹牢騷的人，他卻總是開開心心地迎接每個人，並問大家同一個問題：「想知道今天的『每日奇聞』嗎？」

他第一次問我這個問題時，我正心不在焉地開車穿越停車場。這句話令我停下一切動作。「每日奇聞？」我欣喜不已，大腦因為可望獲得心理獎賞而不斷分泌多巴胺。「我當然想知道今天的每日奇聞！」

接著，他就說出了當天的奇聞，而那些事情總是充滿趣味或引人發笑。例如：「你知道蘇格蘭的國家代表動物是獨角獸嗎？」

或是：「從貓頭鷹的耳朵看進去，可以看見眼球。」

或是：「俄國的面積比冥王星的表面積還大。」

接下來是最棒的部分。你知道他那些奇聞是從哪裡來的嗎？我們！他說出當天的奇聞後，就會問對方：「你有什麼奇聞可以告訴我嗎？」然後就耐心等待，並用心聆聽對方告訴他的各種鮮為人知的趣聞——有些是真實奇聞，有些則是生活各個面向的趣事。他真是徹底運用了行為密技 3：談話火花。

喬治的每日奇聞總是逗得每個人開懷大笑（並上 Google 確認那些奇聞到底是不是真的）。我私下會為他蒐集各種奇聞，而且總是盼望他隔天會採用我提供的材料。

以前開車進入那座停車場時，我總是充滿壓力，可憐地設法把車子塞進狹小的停車空間。現在，我則是滿懷期待地找尋喬治的身影。

給自己的挑戰

1. 把同事或朋友介紹給一個你認為他們應該認識的人，練習提出兩段熱烈讚揚的介紹詞。
2. 誰讓你印象深刻？誰是令你驚喜的朋友？誰是你認識的人當中最優秀的人脈建構者？告訴對方吧。
3. 立下為期一天的沉默誓言，藉此成為更好的聆聽者。

重點回顧

　　我們會記得讓自己感到愉快，以及促使我們想要把最好的一面發揮出來的人。你可以透過期待最好的結果，而讓一場互動最佳化。藉由掌握聆聽技巧、凸顯對方，以及對身邊的人抱持最高的期望，而提升他人。**扮演螢光筆能夠幫助你成為最醒目的人。**

- ・有目的地聆聽——隨時尋找對方的美好之處。
- ・藉由向別人提供記得你的理由，而成為每場互動的高點。
- ・當你預期最糟的結果，得到的就會是這樣的結果。

我在本章得到最大的收穫是：

_____

Chapter 5

引出共同點
如何讓對方喜歡你

　　二○○七年，路易斯‧豪斯正處於巔峰。身高 193 公分的他，是室內美式足球聯盟的接球員，也是全美最佳的業餘十項全能運動員，進軍國家美式足球聯盟的道路看來一片平坦。

　　不過，他卻在一次飛撲接球時手腕骨折，以致他的職業美式足球夢就在那短短幾秒鐘內消失無蹤。「那件事讓人非常痛苦。我當時二十四歲，前途無光，身無分文，只能睡在我姊姊家的沙發上，手臂打著石膏，面前只有堆積如山的信用卡帳單。」豪斯說。

　　他必須從頭為自己打造一條新的職業道路，結果意外發現了一種和人建立連結的強大方法。二○○八年，領英還只是個供商務人士使用的小型社群媒體網站，豪斯卻在這裡看見和體育界人士保持連繫的機會——他雖然已經無法打球，對運動卻仍懷有熱情。

　　他從零開始建立自己的連絡人名單。接下來，他開始測試什麼樣的訊息在初次連繫時效果最好。他發現，最成功的訊息都提到了他與對方至少三項共通之處。

　　「我會試著找出至少三項我們共有的特點——通常是兩人都認識的對象、共同的興趣，以及都加入過的組織，例如學校、聯盟或運動隊伍。」豪斯說。這些訊息都很簡潔扼要，他提供我一個範例：

> 嗨，凡妮莎！我叫路易斯，我之所以想要和你連絡，是因為我發現你也是尼克‧安肯的朋友。他是我在「鉛筆的承諾」這個慈善組織的工作夥伴。我住在洛杉磯，我發現你也是洛杉磯人。你常回來嗎？我很希望能夠和你搭上線。

　　豪斯也為他後續跟進的訊息建立一套策略。「我會告訴對方，我非常喜歡他做的事，並且希望向他學習。我很直接，我會說：『我的目標就是要了解你和你的成就。』」豪斯表示。在每一次互動的結尾，他都會提出確切問題讓對方回答。

　　令人驚訝的是，豪斯以這種做法一次又一次獲得體育界若干地位崇高人士來電連繫、與他見面，以及為他提供指引——例如，ESPN 電視網共同創辦人比爾‧拉斯穆森。「我當時是個沒有工作也沒有錢的小子，但我連絡了比爾，並得以和他坐下來進行訪談。」豪斯回憶道。

　　經過第一年那樣四處連繫重要人物，並向他們學習之後，豪斯遇到了轉振點。他意識到自己做得還不夠。「那時我了解到，我不能只是接受，還必須給予。可是面對比爾‧拉斯穆森這樣的人，你能給他什麼？」豪斯說。

　　隨著連絡人名單愈來愈長，豪斯體認到自己終於有些東西可以回饋給他的連絡對象——也就是他自己的人脈網絡。「我喜歡幫助人，非常享受成為葛拉威爾所謂的『連結者』。」豪斯說。他向他的貴賓詢問他們想認識什麼人，然後努力幫忙與對方搭上線。

　　「我會詢問：『你目前最大的挑戰是什麼？』然後幫他們和至少三位我認為可以提供協助的人搭上線。我會在我們一起喝咖啡時直接掏出手機，撥電話，然後把手機交給對方。」豪斯說。

　　此外，他也在自己沒有意識到的情況下，將「三項武器」的做法應用在所有互動上，並獲得立竿見影的效果。「我讓人看見我認真聽他們說話，而且全副注意力都集中在他們身上。我與他們目光相接，把他們的話聽進去，且絕不分心。」豪斯說。

　　到了二〇一〇年一月，他公司的營業額已超過 500 萬美元。最後，他以七位數的金額賣掉公司。現在，豪斯經營了一個相當成功的生活風格部落格與播客節目，他在其中針對各式各樣的主題訪問重要人物、專家及名人，利用自己建立人脈的技能找出最有趣、最值得注意也最迷人的訪談對象。

　　本章要談的，就是讓豪斯在社交上如此有魅力的強大人類行為原則。

同類相吸效應

　　某天晚上，我和幾個朋友共進晚餐，結果其中一人從皮包裡拿出一枝百樂 G-2 鋼珠筆寫筆記。我的朋友泰勒立刻注意到那枝筆，問道：「你那枝筆的筆尖是 0.7 公釐的嗎？」

　　對方連看都不必看。「當然，百樂 G-2 筆就要選筆尖 0.7 公釐的才好寫。」

　　泰勒露出會意的微笑。「我們一定會成為朋友。」他說。

　　我雖然不是筆的專家，但根據泰勒的說法，百樂 G-2 的 0.7 公釐筆尖鋼珠筆乃是最好寫的筆。這種筆有多好用呢？好用到泰勒非但絕對不准別人借了不還，而且把這種筆當成一種徵象。「如果有人用 G-2 筆，我就知道我們一定合得來。」泰勒說。

　　這是怎麼一回事？人總是不斷在尋找與自己相似的對象。「物以類聚」是一句遠比「異性相吸」更準確的陳腔濫調。這種現象稱為「同類相吸效應」，意思就是：「人喜歡與自己相似的對象，也會被這樣的人吸引。」

　　研究指出，我們之所以喜歡和相似於自己的人相處，有以下幾個原因：

- ・如果某人喜歡的活動及談話主題和你相同，你們就會比較合得來。比起隨機指定的兩個人，夫妻與朋友較有可能擁有相似的性格類型。
- ・某人如果和我們意見相同，我們會覺得比較沒那麼孤獨，也會覺得自己的意見比較正確。
- ・如果可以強烈認同某人，我們也許就比較能夠預測對方的行為及未來的決定，因而覺得比較有掌控力。
- ・我們希望，假如某人和我們很像，被我們吸引的機率就會比較大──所謂「龍配龍，鳳配鳳」。

　　臉書上的「讚」、Instagram 上的「愛心」，或是推特上的「轉推」，都是數位形式的同類相吸效應。當你在網路上肯定別人，就是在告訴對方：「我也喜歡這個！」這就是為什麼我們如此沉迷於檢視自己在社群媒體上獲得的回應──我們想要知道朋友及跟隨者不但喜歡我們，也和我們很像。

　　我們總是不斷在自己沒有意識到的情況下，尋找能讓自己想著、感覺及說出「我也是！」的理由。在一場融洽的會面或咖啡約會中，你會聽到這樣的話：

・哇，你也喜歡《勁爆女子監獄》？我超愛那部影集的！
・你奉行無麩質飲食嗎？那我們是同黨！
・噢，我好喜歡泰國！說不定我們在同一個時間去過？
・你在開玩笑嗎？我可是舊金山 49 人隊的狂熱球迷呢。
・你喜歡攀岩？我也是！

　　另一方面，我常看見別人犯的一大錯誤，就是在試圖建立連結時無意間指出自己和對方的不同之處。**每當你說出某種版本的「我不一樣！」，便是從一開始就削弱了自己和對方的連結。**「我不一樣！」的說法聽起來就像這樣：

・這個嘛，我一直沒有很喜歡《勁爆女子監獄》。我覺得那部影集有點無聊。
・你也奉行無麩質飲食？你不覺得那只是一時的流行嗎？
・我不太常旅行。
・運動比賽？不用了，謝謝你！我寧可看書或看新聞。
・你喜歡攀岩？我不喜歡！我有懼高症。

　　這類「我不一樣！」的說法往往會把人推開，中斷談話。不過，這是否意味著你必須盲目同意對方？當然不是！這代表你必須投注心力找出彼此真正的相似之處，以及共同的興趣。

　　如果有人在社群媒體上發布了和你無關的內容，你只要繼續滾動頁面就好，不需要分享那則貼文，並氣鼓鼓地加上「這則貼文和我一點關係都沒有！」的留言。不過，我們有時也會在自己的回應中暗示這樣的態度。所以，如果有人提到自己小時候上的是私立學校，不要說：「噢！我以前最討厭那些上私立學校的富家子弟了，我念的是傳統的公立學校。」你只要從中找出

你們的共通之處就好了。（你也許可以說：「眞有趣！你在學校有參加什麼體育活動嗎？」或「哇，我都不知道耶，再多說些細節吧！」）

別掉進「我不一樣！」的陷阱，而是要找到方法說出：「我也是！」

找尋「我也是」

我的朋友亞隆在運動賽事上販售公益獎券，他發送訊息問了我一個有趣的問題：

> 嘿，凡妮莎！你能不能利用你的人類行為知識幫我解答一個疑問？我在運動賽事上販賣獎券時，通常都會穿西裝以展現專業形象。不過我最近一直在想，我是不是應該配合球隊的制服顏色，例如選同色的領帶之類的？請告訴我，這種做法有沒有什麼科學準則可循，或是你覺得這個主意好不好。
>
> 亞隆

亞隆的直覺完全沒錯，我們喜歡看起來和自己一樣的人。一項研究發現，我們比較容易爲穿著與我們相似的人伸出援手。穿著輕便服裝的人，比較可能幫助同樣穿著輕便服裝的人，而不是穿商務套裝的人。這項結果違反我們的直覺臆測——我們往往認爲身穿商務套裝的人比較容易獲得幫助，實際上並非如此。

我建議亞隆不但要配合球隊的制服顏色，還要穿得和現場球迷一模一樣——牛仔褲、運動衫、球鞋、帽子等。猜猜看結果如何？他賣出的獎券立刻變多了。這就是同類相吸效應的影響。

我們不只喜歡**看起來**和我們很像的人，也會被**想法**與我們類似的人吸引。

《天生配不呸》是一部實境節目，把十名男性與十名女性帶進一間屋子裡，讓他們找出自己的靈魂伴侶。不過，事情當然沒這麼簡單。每一名參賽者都接受了一系列性格測驗，由「愛情專家」幫他們挑選了一名理想伴侶。

參賽者的目標就是從那群單身男女中找出自己的理想對象。

在第三季裡，其中兩名單身男女——康納‧史密斯與凱拉‧布萊克特——想要測試彼此的速配程度。以下是兩人的對話（你可以注意到他們一再找尋相似點）：

凱拉：我想找一個與家人關係親近的對象。

康納：我完全是個媽寶，可是你能抓住別人的注意力嗎？

凱拉：你在開玩笑嗎？抓住別人的注意力對我來說易如反掌。我會好好調教我的男人，這是我的專長。

康納：嗯，這就是我要的！

凱拉：我想要一個魁梧強壯的對象，因為我喜歡受到保護的感覺（注：康納身高超過 195 公分，自稱溫柔的巨人）。

康納：我總是喜歡睡在床上接近門口那一側。

凱拉：那好，我喜歡睡靠牆那一邊！

結論：你和我一樣，我喜歡你喜歡的東西。我喜歡你。

即使在不涉及愛情的情境裡，我們也會做出和康納及凱拉一模一樣的行為。我們會與潛在客戶這麼做——找出相同的興趣及工作方法。我們會與新朋友這麼做——比較彼此的音樂愛好及週末活動。我們甚至會在排隊時與陌生人這麼做——向對方必須等待這麼長的時間表達同情。

你可以善用同類相吸效應讓自己得益，我把這種做法稱為：

行為密技 5 **弦線理論**	找出並跟隨相似點的弦線，以提高自己的社交魅力。

　　每一次互動的重點都應該在於找出共同性的弦線，每一條能讓你和別人拉近關係的弦線。擁有的弦線愈多，你的社交魅力愈強。以下就是利用弦線理論和你遇見的人立刻建立連結的方法。

步驟 1：找尋弦線

　　弦線理論是開啟談話的終極工具。不論你是打電話給潛在客戶推銷商品、寄電子郵件給新的連絡人，或是和某人初次見面，弦線理論都可以幫助你打開談話的大門。

　　想像每個人身上都帶著一大顆毛線球，那些毛線都是他們的想法、觀念與意見。我們經常希望自己的想法可以比較井然有序，實際上卻往往是一團亂——尤其是剛走進一場活動時。我們也許正想著待辦事項、停車費、晚餐想吃什麼、會場彼端那個相貌迷人的人、頸部痠痛，或是該把外套掛在哪裡——你懂我的意思。所以，我們都帶著這一大團心思。

　　弦線理論是個極度簡單的方法，不但能夠開啟談話，也永遠不會沒有話題。剛開始互動時，我要你試著理出你和對方共有的一些想法。你們共有的弦線愈多，就有愈多話題可以聊——而你也會愈加討人喜歡。

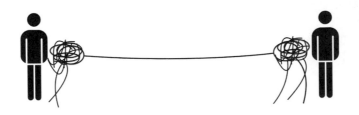

以下這三大類「共同性」，是你隨時可以找到的：

．**人**：共同認識的對象是找出相似點弦線最好的方法。你也可以透過找出共同的朋友而活絡對話。

．**背景**：你認為你和對方沒有任何共通之處嗎？想想你們碰面的來龍去脈。也許你們都是領英的會員，或者參加過同一場研討會。你只需要向對方提出這些問題，就可以讓對話展開。

．**興趣**：共同興趣是最佳的弦線種類，因為共同興趣提供了雙方都一定很了解的主題，所以你們必然能夠分享許多精采的故事，聊得興味盎然。

以下是挖掘出每一種共同性的幾個開場白與點子：

類別	開場白	可能的弦線
人	你怎麼會認識主辦人？	你在 ＿＿＿＿ 工作，那你認識 ＿＿＿＿ 嗎？
	我發現我們是透過 ＿＿＿＿ 而牽上線的。	你以前念 ＿＿＿＿ 學校，那你認識 ＿＿＿＿ 嗎？
	我看到你和 ＿＿＿＿ 說話，你們已經認識很久了嗎？	你是新娘或新郎的朋友嗎？ / 你是室友 A 或室友 B？ / 你是 ＿＿＿＿ 的員工或老闆？
背景	你參加這個團體多久了？	你經常參加這種活動嗎？
	這會場真棒，對吧？	你以前來過這場研討會 / 餐廳 / 活動嗎？
	你住在這裡多久了？	我發現你也是 ＿＿＿＿ 領英團體的一員。
興趣	我很喜歡你的筆 / 鑰匙圈 / 汽車保險桿貼紙 / 襯衫 / 帽子。我也是 ＿＿＿＿ 迷。	你身為 ＿＿＿＿ 迷已經多久了？
	我也是 ＿＿＿＿ 的成員，你是多久前加入的？	你這個週末有什麼活動？
	我發現你也就讀 / 主修 / 參加 ＿＿＿＿。	那個講者 / 那場簡報 / 那場抽獎是不是很有趣？

　　這些以弦線理論爲基礎的問題可以運用在團體、剛認識的人，甚至電子郵件及初次與人連繫的訊息中。每發現一條共同的弦線，那條線就會把你們連結在一起：

我們參加同一個團體
我們都認識珍

　　你也許注意到，其中有些弦線理論問題也是我最喜歡的談話刺激素──這可不是巧合！當你有策略地提問，然後專心聆聽，簡單的問題就能把你帶入令人興奮的談話領域裡。

　　假如你提出上述其中一個問題，卻沒找到兩人之間的相似點，也沒有關係。舉例而言，如果對方說「哦，我不認識她」或「沒有，我從沒來過這裡」，別擔心，就把這樣的問答當作開場白吧。你可以說：「是啊，那所學校很大，我記得她主修政治學，那你主修什麼？」或「我也沒來過！這附近有沒有你喜歡去的夜店？」你聽到的每個回答，都朝著更加認識對方及聊得更深入邁進一步。**不要因爲對方的回答不如預期而慌亂，只要從中找尋談話的材料就好。**

　　此外，也要留意實體上的相似之處。舉例而言，如果你注意到對方身上帶著南加州大學的鑰匙圈，就可以說：「特洛伊人隊加油！」[1]或者，若某人開了一輛你喜歡的車，你可以說：「我想買這輛車，你覺得好開嗎？」甚至也可以只是單純注意到對方喝的飲料：「紅酒不錯吧？」

　　與人攀談從來沒有這麼容易過。

注1：特洛伊人隊（Trojans）是南加州大學的運動校隊。

資訊補給站

我們透過推特進行意見調查，發現 83% 的投票者表示他們對自己該說什麼會想太多 —— 這一節的內容就幫得上忙！

Vanessa Van Edwards
@vvanedwards

【意見調查】我經常對自己要說什麼想太多。

83% 是

17% 否

129票・最終結果

步驟 2：跟隨弦線

弦線理論的重點不只在於指出相似點，更在於加以探索。一旦找到自己與對方共有的弦線，就可以藉由跟隨那條弦線，使其變得更強固。

人
背景／來龍去脈
興趣

那麼，要如何跟隨一條共同的弦線？很簡單，問「為什麼」就好了。

豐田汽車公司的「五個為什麼」分析法世界知名，其員工利用五個為什麼解決問題，並找出問題的根源。現在，這個做法已運用於各種產業中，藉以迅速且有效地找出問題的解決方案及根本原因。你也許可以利用五個為什麼，分析某同事為何沒有準時完成專案：

1.為什麼？我沒辦法準時取得數字。
2.為什麼？我不知道該找誰討論。
3.為什麼？我從來沒和那個部門合作過。
4.為什麼？我通常都是透過我的主管。
5.為什麼？部門之間的溝通只透過主管進行，以致造成瓶頸。（根本原因）

當然，你在日常談話裡不可能一再詢問為什麼，但是，**運用「五個為什麼」的精神，還是可以在更短的時間內和對方聊得更深入。**

找到一項共同點時，一定要好好把握，問對方這樣事物對他為什麼如此重要。當你無意間發現一個相似點，不要立刻跳到下一個話題，請進一步探究對方是怎麼開始的。如果聽到對方和你有相同的興趣，不要什麼都不說就任由這個話題過去，而是要深入挖掘。

假設你透過弦線理論發現你談話的對象也是一名創業家，若跟著這條線，你就可以和對方互動得更深入。

你：你**為什麼**決定要創業？
對方：我一直都想成立自己的公司。
你：真有意思！這點**為什麼**吸引你？
對方：我非常想要在工作時間上擁有彈性和自由，而且我知道為別人工
　　　作一定不可能滿足我這方面的需求。
你：我也這麼覺得！你**為什麼**想要擁有更多彈性？
對方：哦，我很喜歡旅遊，所以希望不受工作地點的束縛。
你：真好——我也很喜歡旅遊，剛從智利回來呢！你**為什麼**喜歡旅遊？
對方：我一直很想去智利！我想我之所以這麼喜歡旅遊，是因為我覺得
　　　人必須跳脫舒適圈，從世界各地的人身上學習。
你：真的是這樣！我在旅途中遇過許多非常有趣的人。你**為什麼**認為跳
　　　脫舒適圈很重要？
對方：嗯，好問題。我想是因為我認為快樂來自嘗試新事物、看見新事
　　　物、體驗新事物吧。你呢？你認為快樂來自何處？

　　你看，問更多為什麼，對話就能更充實、更深入。「為什麼」可以讓你超越閒聊的層次，進而探究動機、夢想與興趣。每一個為什麼，都能幫助你找到更多弦線。

　　弦線理論藉由這種方式，確保你永遠不會找不到話題可聊。只要找出共同點，然後以「為什麼」跟著那條線就行了。

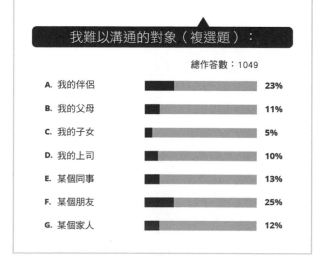

資訊補給站

　　我們詢問 1049 名受訪對象，請他們透露和誰最難溝通。由以下的調查結果可知，我們每個人都有難以溝通的對象，而且這樣的對象有可能是任何人！你可以利用弦線理論讓你和這個人的溝通變得比較容易。你難以溝通的對象是誰？你可以怎麼找出與對方的關連？

我難以溝通的對象（複選題）：

總作答數：1049

A. 我的伴侶		23%
B. 我的父母		11%
C. 我的子女		5%
D. 我的上司		10%
E. 某個同事		13%
F. 某個朋友		25%
G. 某個家人		12%

步驟 3：建立關連

　　弦線理論的最後一步並非必要，而且只保留給特殊互動。如果你和某人聊得非常開心，感覺兩人極為合拍，就可以利用你們的共同弦線建立關連，

讓兩人的連結提升一個層次。來看看路易斯·豪斯怎麼做到這一點的。

　　他找出共同點，並跟隨他找到的那些弦線之後，又詢問對方需要什麼，以及他能幫上什麼忙；換句話說，**他將自己的能力與對方的需求連結在一起。**當你開口說：「你有個問題，我會幫你解決這個問題。」你就創造了終極的相似點。

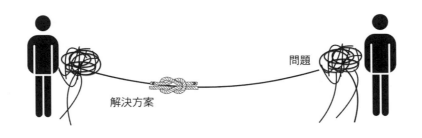

　　你每一次向別人提供幫助、支援和忠告，就創造了一道與對方更深層的連繫，以及一個恆久的相似點。

　　在大部分情況下，幫助別人找出解決方案的機會都是自然浮現的。你聽到對方有個需求，然後知道自己幫得上忙。以下舉幾個例子：

> ・既然你是第一次到這裡來，我可以把我最喜歡的本地餐廳列出來給你。
> ・我確定我在那個產業有認識的人 —— 在領英上和我建立關係，我就可以把你介紹給那個人。
> ・我經常可以拿到比賽的額外門票。下次拿到，我再傳簡訊通知你！
> ・那個問題聽起來很嚴重。我幫你提出諮詢申請，看看我的公司能不能幫忙。
> ・是啊，要開始吃素很不容易，我可以寄給你幾份食譜。

　　如果談話過程中沒有發現對方的任何需求，你也可以在結尾創造一個建立關連的機會。我如果和新認識的對象談得相當愉快，通常會在最後提出一個問題：

你有什麼需要我幫忙的地方嗎？

這是我最喜歡的弦線理論問題。這個問題不只爲我提供創造關連的機會，而且我通常會因此更了解對方。這是個小小的密技，但效果非常好。

實際上，弦線理論的每一步都是對方導向，可以幫助他人理清雜亂的思緒。例如，向朋友提出五個爲什麼，可以幫助他們弄清楚自己在工作上爲何不順利；和伴侶共同跟隨一條弦線，有可能幫助你們討論出度假計畫。

記住：**由於弦線理論的第三步並非必要，所以如果要使用，必須眞心誠意**。不要承諾你沒辦法提供的協助，不要做出空洞的承諾，只和你眞心想建立連結的人創造關連。

額外訣竅：「請你教我！」也是一條弦線

如果找不到共同的弦線，該怎麼辦？如果完全沒有機會說「我也是」呢？

路易斯・豪斯經常在播客節目中訪問商業或生活新領域的專家，而他如果沒有辦法說「我也是」，就會說「請你教我」。這樣做不但爲他的聽眾帶來絕妙的節目內容，也讓他和他訪問的專家之間建立深層的連結。所以，如果有人提到你不知道或不熟悉的事物，就請對方提供更多資訊吧。「請你教我」也是一條弦線！

下面是你可以把「請你教我」變成弦線的幾種方法：

‧我沒聽過那本書──那本書談的是什麼？
‧你的職業生涯眞有趣──我從沒遇過從事你這一行的人，跟我說說你這個行業吧！
‧我其實沒出過國，但很想多出去走走。你有沒有什麼訣竅可以提供給我這個新手？

「我也是」和「請你教我」是最強而有力、卻也最沒被充分利用的兩句話。只要有機會，就盡量運用吧。

給自己的挑戰

1. 下次和別人談話時，試著在頭三分鐘內找出你們之間的三個共同點。
2. 練習問「為什麼？」五次，看看你會不會多知道一些事。
3. 詢問同事或朋友有沒有需要你幫忙的地方，藉此創造關連。

重點回顧

　　與對方的共同點愈多，你就愈討人喜歡。我們喜歡和自己相似的人。弦線理論是個散發迷人魅力的簡單方法，你只要找出共同的興趣、問「為什麼」，然後提供協助就可以了。隨時都要注意尋找機會，對別人說：「我也是！」

　・別對自己該說些什麼想太多，只要找尋你與對方的共同點就好。
　・藉著問五個為什麼，讓談話更深入。
　・把別人的問題變成你的問題，藉此與對方建立關連。

我在本章得到最大的收穫是：

_____

Part
2

最初五小時

麥可・克魯茲醫師是曼哈頓諸聖醫院新上任的急診部主任，個性固執，直來直往，而且有點嚴厲。

　　克魯茲醫師需要手下的人支持他把諸聖醫院的急診部轉變為一流的創傷中心。不過，大規模改變制度及行事規章，卻導致他與資深醫師和護士全面開戰。

　　一天，柔伊這個對他心懷同情的護士帶著粉紅色筆記本，走進他的辦公室。

　　「這有點像是一本護照，」她解釋道，「是通往你手下人員的一張地圖。」

　　克魯茲醫師面帶懷疑地看著那筆記本，柔伊則繼續說道：「這裡面記載了他們的生日、週年紀念日，還有會讓他們難過或開心的事，以及哪些人會因為病患過世而哭、哪些人會表面上說笑但私底下落淚。這些是你應該要知道的事情。」

　　克魯茲醫師心不在焉地翻了翻那筆記本，然後問道：「你為什麼給我這個東西？」

　　柔伊再次解釋道：「你希望我們在自己的工作上能有好的表現，我們對你也有同樣的期待。」

　　這一幕出現在影集《護士當家》第四季的第十集。在本書的第二部分，你會得到一張探索別人的地圖，就像柔伊送給克魯茲醫師那一張 —— 一份解譯、理解、預測他人行為的指南。柔伊稱之為通往他人的護照，我稱之為你的人格矩陣。這個部分要幫助你解開以下這些謎題：

・你要如何速讀一個人？
・你要怎麼預測他人的行為？
・你該如何避免溝通不良的狀況？

　　本書的第一部幫助你掌握互動的最初五分鐘，這一部分則要讓你與對方的連結有進一步的發展。你要怎麼和對方再次約見面？你要怎麼敲定下一次的訪談？你要怎麼在你們下次見面時建立更深厚的連結？本書的這一部分可以幫助你在互動的最初五小時裡提升你與對方的關係。

Chapter 6

解譯微表情
如何揭露隱藏的情緒

　　我要告訴你一個悲傷的故事──可是別擔心，這個故事有個圓滿的結局。

　　一九七○年代，一名四十二歲的家庭主婦面臨中年危機。為了保護她的身分，姑且稱她瑪麗。在四十歲生日當天，瑪麗發現自己大多數時間都是獨自一人。她的子女已經長大成人，搬了出去，她的先生則是個忙碌的專業人士。她在夜裡難以入睡，白天也愈來愈沒有心思維持家務。她經常有大半天都在哭，因為覺得自己極度「沒用」而埋怨不已。最後，她開始考慮自殺。

　　所幸，瑪麗知道自己需要幫助。她的家人把她送到當地一家醫院接受照護。頭三個星期的治療進行得相當順利，結合團體療法與藥物的方式看起來很成功。在瑪麗接受精神科醫師治療的錄影中，她在某次療程裡堅稱自己覺得好多了。瑪麗問道，她的情緒既然已經改善，是不是可以讓她週末回家探望家人？醫生和醫護人員商討過後，一致認定瑪麗的狀況已有所改善。

　　幸好，就在出院之前，瑪麗坦白說出她內心真正的想法。她向醫生承認自己在諮商中說了謊，在團體治療時也故意假裝開朗。她其實還是沮喪得無可救藥，原本打算在週末離開醫院之後做出激烈的行為。不過，瑪麗的告白顯示她的復元確實達到一個真正的轉捩點。於是，經過好幾個月的治療之後──其中也克服了幾次復發──瑪麗終於得以和家人過著正常的生活。

　　儘管結果圓滿，瑪麗事件卻令醫院的醫療團隊深感不安。她如何騙過院內那麼多人？醫院的人檢視了醫生與瑪麗面談的影片──他們忽略了什麼？實際上，醫療欺瞞是個令人擔憂的難題：病患經常對醫生撒謊，心理師也深怕自己會被隱瞞自身真正健康需求的病患所騙。

　　瑪麗的影片經過多位經驗豐富的心理師檢視，仍找不出答案，醫療團隊

於是決定尋求更多幫助。他們找來了保羅‧艾克曼博士——他是個年輕的心理學家，專門針對病患從事人類測謊實驗。

艾克曼博士與他的團隊花了數百小時檢視瑪麗的影片，卻直到他以慢動作播放那些影片，線索才開始浮現。醫生問瑪麗週末有什麼計畫，一股駭人的情緒流露了出來——重點是你必須知道該把目光焦點放在哪裡。

「我們在慢動作裡看見她臉上出現一個稍縱即逝的絕望表情。那個表情一閃而過，速度非常快，以致我們在頭幾次檢視這部影片時都沒有察覺。」艾克曼博士解釋道。

這一閃即過的哀傷，就是艾克曼和他的團隊需要的突破點。他們開始重新檢視影片，找尋這類細微的姿態。幾個回合之後，他們開始持續不斷地發現這類表現——總是出現在一個謊言之前，而且經常被假笑掩飾。艾克曼博士後來把這種稍縱即逝的臉部動作稱為「微表情」。

臉部表情的科學

醫生一度認為嬰兒是藉由模仿父母對他們展現的寵愛表情，而學會微笑。事實證明這種想法是錯的。

先天失明的嬰兒也會做出與其他嬰兒一樣的臉部表情——儘管他們從沒見過臉龐。我們做出某些表情的本能源自天性，而非後天培養的結果。**微表情是普世共通的先天人類行為。**

艾克曼博士對這個概念深感著迷，於是在新幾內亞的某個偏遠地區從事一系列研究。他帶了一疊美國人表達各種不同情緒的照片——從微笑、齜牙咧嘴到皺眉等應有盡有——而他造訪的那個部落與西方世界幾無連繫，那裡的人從沒看過電影，遑論電視。

在一名翻譯的幫忙下，艾克曼博士請那些新幾內亞人觀看照片裡美國人的臉部表情，並猜測每張照片裡的美國人有什麼感覺。艾克曼博士很驚訝地發現，他們猜得很準。他們甚至可以反向從事這項實驗：艾克曼只要說出一種情緒，受試者立刻就能做出相應的臉部表情。

艾克曼博士在世界各地許多受試者身上重複進行這項實驗，而得以辨識

出七種普世共通的微表情。

　　微表情：名詞。人類感受到強烈情緒時不由自主表現出來的一種短暫臉部表情。

　　不論文化、性別或種族，我們都會做出這些表情。這就是為什麼解讀微表情會是如此有價值的密技。既然每個人都會透過這七種臉部徵象洩漏內心的情緒，我們就可加以研究、發現並解譯。

如何解譯臉部表情

　　我是《千金求鑽石》這個實境節目的忠實觀眾（為了「觀察人類行為」），在其中一季，單身女子艾蜜莉結識了艾里──他是個迷人的賽車手，來自亞利桑那州。節目中共有二十五名男子競逐艾蜜莉的芳心，並在當季結尾向她求婚。艾里身材高大，有著開朗的笑容和一雙湛藍的眼睛，擁有獲得最後勝利的潛力──只有一個問題：艾蜜莉的前未婚夫也是賽車手，卻在去參加比賽途中慘遭意外身亡。艾里的職業有沒有可能喚起她的傷痛？

　　告白那一夜，艾里要求艾蜜莉坐下來，說他要「告訴她一件事」。艾蜜莉靦腆地微笑，等著他提出那個預料中的話題。以下是他們那段對話的摘要：

說話者	對話內容
艾里	我必須承認，有件事讓我有點緊張。
艾蜜莉	告訴我吧。
艾里	我的職業是賽車……我不曉得你知不知道，不過我從十四歲就進入賽車這一行了。你可以接受這一點嗎？
艾蜜莉	可以，真的可以。我很喜歡賽車，喜歡在跑道上的感覺，我在賽車場有許多美好的回憶。那是我的一部分，也是我唯一了解的運動。
艾里	真酷。
艾蜜莉	我對賽車瞭如指掌。我可以跟你談賽車，可以跟你談車子。

聽起來不錯，對吧？錯了，聽起來雖然不錯，看起來卻很糟糕。

這段二十秒鐘的影片透露了許多內幕。艾蜜莉的臉部表情告訴我們的完全是另外一回事，以下就是話語背後的實際狀況：

說話者	對話內容	艾蜜莉的非口語表現
艾里	我必須承認，有件事讓我有點緊張。	
艾蜜莉	告訴我吧。	快樂的微表情
艾里	我的職業是賽車……我不曉得你知不知道，不過我從十四歲就進入賽車這一行了。你可以接受這一點嗎？	悲傷的微表情 恐懼的微表情
艾蜜莉	可以，真的可以。我很喜歡賽車，喜歡在跑道上的感覺，我在賽車場有許多美好的回憶。那是我的一部分，也是我唯一了解的運動。	搖頭表示「不行」 說話音量降低 不屑的微表情
艾里	真酷。	觸摸頭髮
艾蜜莉	我對賽車瞭如指掌。我可以跟你談賽車，可以跟你談車子。	不屑的微表情

在這段互動裡，艾蜜莉展現了三種關鍵的微表情：悲傷、恐懼和不屑。之所以關鍵，是因為這些微表情和她說的話不一致。她嘴上說不介意，真正的情緒卻展現在臉上。

艾蜜莉終究沒有選擇艾里。他雖然挺進到最後的兩人名單，還是被淘汰了。只要是能夠讀出微表情的觀眾，對艾里的下場都不會感到意外。他的職業注定了這樣的結局。只須看看艾蜜莉的臉，就可以看出這一點——而且這項技能搞不好能夠幫助艾里力挽狂瀾。他當初要是注意到她隱藏起來的情緒，並設法加以化解，說不定可以平撫她的不安。然而，他卻忽略了那些非口語的線索，以致沒有預見後來的結果。

我把這項密技稱為「解譯微表情」。

行為密技 6
解譯
微表情

在互動中找出七種微表情，以揭露真相。

　　解譯的重點在找出話語背後的情緒意圖，也就是在聆聽時不但用耳朵聽，也用眼睛看。

　　首先，來看看如何使用「解譯微表情」這項密技。

　　·一致性：注意看對方聲稱的情緒和表現出來的情緒是否一致。你的客戶如果說他很高興見到你，就應該會露出快樂的微表情；你太太如果說她「沒事」，卻露出憤怒的微表情，那麼她可能就不是「沒事」。

　　·連結：人不只在說話時會出現微表情，聆聽時也會。臉部表情永遠不會「關閉」，雖然持續注視對方的臉可能負擔頗大，但這麼做其實也能讓你使用行為密技 2 —— 也就是三項武器中的目光接觸部分。如果你認為自己與別人目光接觸的時間比例平均低於 60%，那麼閱讀微表情就給了你多注視對方的動機。

　　·速度：微表情一閃而過的速度快得令人難以置信 —— 只有不到一秒鐘。持續一秒以上的表情只是單純的臉部表情。這點為什麼重要？因為微表情（不到一秒鐘）不受控制，所以是通往內心情緒的誠實窗口。臉部表情（一秒以上）可以假裝，比較沒那麼誠實。因此，你應該注意看臉部的瞬間反應，以做出最準確的解讀。

步驟 1：辨認微表情

　　艾克曼博士指出，和人談話時，應該留意對方的七種反應：

憤怒

一旦對別人感到不悅，或是對某個狀況感到惱怒，我們就會閃現憤怒的徵象。

憤怒的微表情有以下特徵：

- 眉毛下垂，皺在一起。
- 眉毛之間有兩道直豎的皺紋。
- 下眼瞼緊繃。
- 嘴唇緊繃──可能緊緊閉合，或是準備大吼。

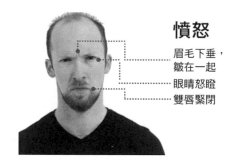

憤怒
眉毛下垂，
皺在一起
眼睛怒瞪
雙唇緊閉

在下列情境裡經常會看見憤怒的微表情：

- 對峙時。
- 傳達壞消息時。
- 爭論或鬥毆之前。
- 拍照提醒：如果拍照時因光線刺眼而瞇起眼睛，或者單純不喜歡身在鏡頭前，可能會意外露出這種表情。

不屑

不屑──鄙夷、蔑視或不尊重──是一種相當強烈又複雜的情緒，展現出來的臉部表情卻極為簡單。不屑經常被稱為「冷笑」，因為一側的嘴角會上揚。

不屑有個值得注意之處：這種微表情會令人感到困惑，因為我們會把冷

笑誤以爲是淺笑或無聊的表現，實際上卻根本不是這麼一回事。不屑是極度厭惡與鄙夷，如果覺得某人或某事不值得花費心思，我們通常就會露出不屑的表情。

　　不屑的微表情有以下特徵：

・一側的臉頰上揚。
・右側或左側的嘴角往上拉。

不屑

一側的嘴角
緊繃上揚

在下列情境裡經常會看見不屑的微表情：

・你拒絕別人時。
・某人聽到或遇到自己不喜歡的事物時。
・與別人意見不同或遭到批評時。
・拍照提醒：你如果誤以爲這種表情代表淺笑，可能會在拍照時意外露出這種表情。

快樂

　　眞正的快樂有個特徵，就是臉頰上部的肌肉上揚──學名叫眼輪匝肌與顴大肌。你如果看見眼角出現美麗的魚尾紋，就知道那是眞誠的微笑。

　　快樂的微表情有以下特徵：

・兩側嘴角上揚的幅度相同。
・嘴唇可能張開而露出牙齒。

‧上臉頰的肌肉牽動臉部。
‧眼角出現皺紋。

在下列情境裡經常會看見快樂的微表情：

‧和別人一起慶祝時。
‧傳達好消息時。
‧在愉悅或正向的體驗中。

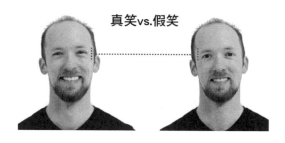

真笑vs.假笑

你也可能會看見裝出來的快樂模樣，這種情形經常發生在下列這些時刻：

‧一個人試圖掩飾內心真正的感受。
‧雖然覺得疲累或難以承受，還是努力表現出樂觀的模樣。
‧拍照提醒：你如果想要表現出放鬆的模樣，可能會在拍照時意外露出
　這種表情。

恐懼

　　覺得害怕時，身體往往會進入戰或逃反應。我們的臉部表情實際上有助
於快速而準確地回應威脅。一感到害怕，我們就會睜大眼睛，眉毛上舉，好
讓自己可以最大程度地觀察周遭環境，以留意可能的逃跑路徑或更多威脅。
接著，我們會張開嘴巴吸氣，藉此吸入更多氧氣，以備呼救或逃命之用。
　　恐懼的微表情有以下特徵：

・眼睛睜大。
・上眼瞼抬升。
・眉毛高舉，額頭中央出現水平皺紋。
・嘴巴微微張開。

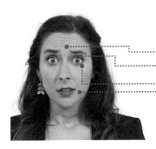

恐懼

眉毛上舉，
朝中間靠攏

上眼瞼抬升

下眼瞼緊繃

嘴唇微微向兩側拉開

在下列情境裡經常會看見恐懼的微表情：

・碰到危險狀況時。
・你向一個人提出難以接受的資訊時。
・處於未知或令人困惑的互動中。
・拍照提醒：你如果被閃光燈嚇到，或是對拍照感到緊張，可能會在照
　片中意外露出這種表情。

驚訝

　　驚訝是很能揭露真相的情緒。舉例而言，你如果問一名同事「你知道我
會被撤出這項專案嗎」，驚訝的表情會立刻讓你明白對方完全不曉得。對方
若流露出恐懼，則可能表示他早已知道這件事。

　　驚訝很容易被發現，因為這是持續時間最長的一個微表情。覺得驚訝時，
嘴巴會張開，眉毛大幅抬升。

　　驚訝的微表情有以下特徵：

・眉毛上舉，呈圓弧狀。
・眼睛圓睜。

· 下巴往下掉。
· 大口吸氣。

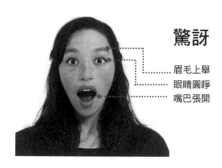

驚訝

眉毛上舉
眼睛圓睜
嘴巴張開

在下列情境裡經常會看見驚訝的微表情：

· 傳達出乎意料的消息時。
· 分享結局令人震驚的故事時。
· 一個人感到訝異或驚奇時。
· 拍照提醒：被突襲拍照的人會在照片中露出這種表情。

　　小訣竅：要辨別恐懼和驚訝，最簡單的方法就是觀察眉毛的形狀。在恐懼的微表情中，眉毛呈直線狀，額頭也會出現水平的皺紋；在驚訝的微表情中，眉毛則呈圓弧狀，就像倒過來的 U。

 憎惡

　　碰到令人不快、反感或厭惡的事物時，我們會流露出憎惡。這就是你聞

到臭味露出的表情。想像小孩子第一次吃到菠菜的模樣，他們會說：「嗯──」然後皺起鼻子，露出上排牙齒。

　　憎惡的微表情有以下特徵：

・皺起鼻梁。
・上唇抬升。
・臉頰向上皺縮。
・下眼瞼緊繃。

在下列情境裡經常會看見憎惡的微表情：

・一個人聞到臭味或吃到壞掉的食物時。
・一個人不喜歡某人或某個想法時。
・不愉快的互動中。
・拍照提醒：如果不喜歡拍照，卻強迫自己裝出快樂的模樣，可能會在照片中露出這種表情。

悲傷

　　這是表情符號描繪得最精確的一種表情，蹙額確實表示一個人正處於低落狀態。悲傷是最難假裝的微表情，一旦看見，你就知道自己擊中了深層的情緒。此外，這種表情也是哭泣的前兆，你可以藉此預測一個人是否即將淚崩。

　　悲傷的微表情有以下特徵：

· 眉毛內端皺縮在一起。
· 眼瞼下垂。
· 下唇嘟起。
· 嘴角下垂。

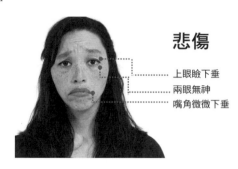

悲傷

- - - - 上眼瞼下垂
- - - - 兩眼無神
- - - - 嘴角微微下垂

在下列情境裡經常會看見悲傷的微表情：

· 一個人覺得失望時。
· 一個人即將哭泣之前。
· 一個人覺得無法承受或心煩意亂時。

步驟 2：回應

微表情雖然能讓你深入了解別人的情緒狀態，但發現微表情只是「解譯」這項行為密技的第一步，接下來，你必須選擇如何回應。以下提供幾項策略。

　　看見憤怒，我會想到**機會**。為什麼？如果發現別人露出憤怒的表情，你就知道自己有機會解釋、澄清，並提出眞相。

　　假設你正在向新客戶推銷一項專案，簡報進行得很順利——他們聽得非常認眞，也提出相當中肯的問題，並對你指出的要點頻頻點頭。接著，你談到了價格。就在你提及這項專案的成本時，客戶閃現了憤怒的表情——你可以清楚看見會議桌周圍的每個人眉毛中間都出現了那兩條直豎的皺紋。

　　典型回應：你如果繼續簡報，就會在客戶心中留下沒有被回答的問題。然而，典型的回應方式卻正是繼續把事先準備的簡報內容講完，盼望對方的憤怒自行消失。等你簡報完畢，客戶如果還願意提出他們對定價的疑慮，算你幸運。大多數人不會提，於是你只能自己納悶著他們為什麼拒絕你的提案。

　　運用解譯密技：立刻停下來說明你訂定這個價格的原因，這樣客戶才知道你的完整考量與觀點。接著，在進行到下一張幻燈片之前，先問問客戶對於價格還有沒有任何問題。等你完成簡報後，再回頭提起價格，看看他們是不是還露出憤怒的表情。

　　如何回應憤怒：
- 探索——憤怒來自何處？你可以怎麼加以消除？
- 保持冷靜——不要採取攻擊或防衛姿態。
- 說明——你能提供什麼資訊，讓對方覺得不那麼受威脅？

不屑

　　看見不屑，我會在心裡**舉起警告的紅旗**。不屑是一種狡猾的小情緒，如果不處理，就會逐漸發酵，而演變成深沉的蔑視與厭惡。這就是為什麼一看到不屑的反應，就要立刻化解。

　　請記住，不屑的表情並不表示對方是個狗眼看人低的人，也不表示對方瞧不起你。別人可能鄙夷某個想法或情境，但跟你的關係還是很好。這就是

為什麼你必須找出引發這個情緒的原因，好好討論，藉此強化你們之間的關係，並更加了解對方。

假設你和某個同事一起執行一項新專案。你們坐下來喝杯咖啡，討論細節，很快就在工作分配上取得共識，於是接著開始討論時間安排。你提到你希望在六週內完成，卻發現對方臉上閃現不屑的微表情。

典型回應：不予理會──你知道時間緊迫，但這項專案獲得全員投入。六週後，你意外聽到同事說他的進度至少落後兩個星期。這下你只得想辦法彌補、善後。

密技式回應：弄清楚你的同事在擔心什麼。他對於必須準時交付的成果有些什麼樣的預期？你可以怎麼重新評估，以幫助他（還有你自己）準時完成這項專案？設定新的時間表，不然就是以更公平的方式分配任務。

如何回應不屑：

・找出源頭──造成不屑反應的原因是什麼？

・重新評估──你可以怎麼處理這個引發不屑反應的問題？

・建立投契的關係──你們可以在哪裡取得共識？

（快樂）

假裝的快樂表情（上圖）傳達的社交訊號
和真正的快樂完全不同。

看見快樂，我會想到**慶祝**！快樂是最美妙、最喜悅的一種情緒──好好享受，善加利用，盡情歡慶吧！快樂就要讓大家知道。

假設你的伴侶在工作上度過了美妙至極的一天。他在你做晚餐時回到家，一面吹著口哨，一面脫下外套，然後信步走進廚房，高聲說著：「親愛的，我有天大的好消息！」他從背後抱住你，問你家裡有沒有香檳可以用來慶祝。你轉過身，看見他臉上掛著一個大大的微笑。

典型回應：你的義大利麵剛放下去煮，平底鍋煎著蔬菜，也已經開了一

瓶紅酒——「不行，我們不能把香檳拿去冰。我剛開了這瓶紅酒！」你說。
接著：「寶貝，小心，義大利麵很燙，我得繼續攪拌。」你邊忙著做晚餐，
邊對他說：「你一面擺餐具，一面把好消息告訴我吧。」你的伴侶有點洩氣。
他還是分享了好消息，但已經遠遠沒有剛回家時那麼興奮。你們吃了一頓平
凡無奇的晚餐。

密技式回應：「趕快告訴我！我把火關小一點，好聽你說。」你熱切地
答道。他描述了自己在工作上的重大勝利，你則是把紅酒的瓶塞塞回去，然
後把一瓶香檳放進冰箱裡。「我們得好好慶祝一下。」你說。晚餐的準備時
間雖然拉長了一些，但你們因此得以乾杯，分享他的喜悅之情。

如何回應快樂：

・慶祝——和對方一起笑，好好享受當下這一刻。

・善加利用——詢問細節，分享對方的喜悅。

・表達感激——明白表示對方想要與你分享快樂的舉動令你深感興奮。

恐懼

看見恐懼，我會想到：「一定不只如此。」

今天是你母親的生日，你規畫了一場家族聚會。這會是一場讓大家都很
開心的派對——母親今年滿六十歲，你和兄弟姊妹共同存了一筆錢，買了一
部 iPad 送她，讓她可以一面煮菜，一面看她最喜歡的節目。

晚餐過後，母親開始拆禮物。她拿起你們送的禮物，念出你們兄弟姊妹
寫的卡片，眼眶泛出淚光。她撕開包裝紙，看見那部全新的 iPad 和皮套，臉
上閃現一絲恐懼的微表情，然後感動地讚歎她的子女多麼大方。接著，她匆
匆開始分蛋糕給大家吃。

典型回應：成功了！你和兄弟姊妹都對你們送的禮物深感自豪，你迫不
及待要看母親使用那樣禮物了。幾個星期後，她還是沒有把那部 iPad 拆封；

幾個月後，她雖然拆封了，也把 iPad 放進皮套，卻除了利用你幫她下載的免費 app 玩拼字遊戲外，就不肯再用 iPad 做其他事。你們買了這麼好的禮物送她，為什麼她不肯用？

密技式回應：吃完蛋糕後，你把母親拉到一旁，問她喜不喜歡那部 iPad。「當然喜歡！」她說。可是，你又注意到了她臉上的恐懼，於是主動提議過幾天回來教她怎麼使用 iPad。她如釋重負地舒了一口氣。

經過幾次指導，母親已懂得怎麼在 iPad 上觀賞網飛（Netflix）的節目及收發電子郵件。你也幫她報名了蘋果直營店提供的免費 iPad 課程。她上完課之後，iPad 上面安裝了她認為**你會**喜歡的許多酷炫新 app。成功了！

如何回應恐懼：

· 處理問題——是什麼令對方感受到威脅？對方覺得不自在的原因是什麼？

· 平撫——你可以怎麼提高對方的安全感？

· 安慰——你能夠消除對方的擔憂、重新評估，或者排除威脅嗎？

驚訝

看見驚訝，我會**希望對方和我有共識**。有時候，你會刻意引發驚訝——利用談話刺激素或傳達好消息；有時候，則是對方的驚訝令你感到驚訝。

你和老朋友共進午餐，兩人已經好久沒見面了，因此你們在頭二十分鐘都忙著聊彼此的近況。開胃菜終於端上桌，於是你們開始回憶大學時光。

「羅比剛訂婚了，你相信嗎？」你問道。你的朋友閃現驚訝的表情。

典型回應：你假設對方知道這件事——不是大家都知道嗎？當然，羅比沒有把這消息公布在臉書上（他因為工作的緣故而不使用臉書），但你以為這是大家都知道的事。你簡單帶過這個話題。幾天後，你聽別人說，才知道自己洩漏了祕密。羅比原本打算先告訴他父母，再向所有人公布消息——結

果因為你走漏風聲，以致他的父母在他還來不及說之前就得知這件事情。慘了，你這下絕對別想獲邀參加婚禮。

密技式回應：你注意到對方的驚訝之情，於是馬上問清楚：「你不知道嗎？」你的朋友搖搖頭，答道：「我完全不曉得！」你頭腦轉得很快，立刻說：「嘿，我敢說他一定想要親自告訴大家，所以你在他公布消息前先不要把這件事講出去吧。」危機就此避免，你還是可以到羅比的婚禮享用自助餐。

如何回應驚訝：

‧釐清──對方知道你知道的事嗎？

‧修正──接下來必須怎麼做？

‧達成共識──你們如何取得一致意見？

憎惡

看見憎惡，我會想著：「**最好追根究柢，找出這種反應從何而來。**」當人試著以有禮貌的方式說出自己不喜歡某樣事物時，往往就會閃現憎惡的微表情。我們如果擔心冒犯別人，就會把真正的憎惡情緒藏在心裡。不過，若你想要知道真相，就必須允許他人表達真實感受。

假設你即將雇用一名新員工。面試的過程非常順利，他的履歷很漂亮，態度也很積極。你在說明這項職務的工作內容時，注意到他對其中包含的許多文書工作閃現憎惡的反應。這個職務要負責在每週結尾時影印許多文件，並將文件歸檔。

典型回應：抱持樂觀態度。一切看起來都很順利，你也真心認為他是這項職務的絕佳人選。不過，你在他開始上班後的第一個月月底卻大吃一驚，因為所有客戶的請款單都沒有發出去。為什麼？歸檔系統出了個問題，他一直推遲每週的文書工作，結果現在所有的應付款項都逾期了。

密技式回應：你注意到應徵者的憎惡反應，便問他以前是不是做過許多

文書工作。「沒有，」他答道，「我擅長策略和創意，但在組織、條理方面不是很在行。」他說他的前一份工作有個助理幫忙處理文書作業。面試結束後，你向上司申請一筆預算，為他雇用了一名祕書。他值得你這麼做，所以你想讓他發揮長處，至於他不擅長的工作，委派給別人就好。

他加入工作團隊後，整個辦公室的效率都提高了，你們的生產力因此翻倍成長。

如何回應憎惡：

　・許可──容許對方把內心真正的感受告訴你。

　・開放──每個人都可以表達自己的意見。

　・解決──你可以怎麼化解對方的厭惡感受？

悲傷

看見悲傷，我會想到**同理心**。

假設你找了個承包商重新設計你家的浴室。那名承包商是你鄰居大力推薦的，你也很喜歡他之前做過的案子。你們已經通過電話，但今天他要評估這項工程的規模，然後報價。他抵達你家，你和他握手寒暄，說：「很高興認識你，你好嗎？」他答道：「我很好。」可是，你注意到他閃現了悲傷的微表情。

典型回應：你們有正事要辦！你希望並祈禱這項工程不會超出你的預算。你端給對方一杯水，然後帶他看了看浴室。幾分鐘後，那名承包商說這樣就可以了。你深感震驚──他在浴室裡只待了頂多十分鐘，而且幾乎什麼都沒有測量！他在收拾東西時，你問他預估的價格，而他提出的數字是你預期的兩倍。你不可能花那麼多錢，看來只能繼續用這間舊浴室，不然就是另外找別的承包商。

密技式回應：你注意到悲傷的微表情，於是問道：「是嗎？一切都還好

嗎？」對方嘆了一口氣，說：「今天眞是漫長的一天。你有過這種經驗嗎？」你爲他端上一杯水，然後說：「我也有過不順的時候。你遇到了什麼問題嗎？」他告訴你，他剛得知自己的父親住院了，但因爲已經和你約好，所以沒辦法去醫院探望。你立刻對他說你們可以另外再約，他現在絕對應該去陪他父親。

第二天，他打電話告訴你，他父親沒有大礙——只是虛驚一場，但他非常感謝你的諒解。那天下午，他帶著愉快的心情再次來到你家，並針對那項工程提供你一個極爲優惠的價格。

如何回應悲傷：

・理解——讓對方悲傷的原因是什麼？

・同理心——你可以怎麼提供幫助？

・空間——對方需要多少時間恢復？

步驟 3：了解例外表情

前面提到的七種微表情雖然普世共通，但在投入臉部反應的世界之前，我要你記住幾個特殊的例外。

眉毛上揚

單獨的眉毛上揚看起來可能像驚訝的局部表情，但其實代表了**興趣**。揚起眉毛的意思是「眞的嗎？」或「眞有趣！」，這種肯定的反應是可以添加在「三項武器」中的絕佳元素。

你也可以透過揚起眉毛**凸顯你話裡的重點**。舉例而言，老師如果講解到課程中特別重要的部分，經常會揚起眉毛。這是一種潛意識行為，藉此讓別人注意我們說的話。而且，最認真聽講的學生往往也會揚起眉毛回應，以顯示他們確實對老師講解的內容感興趣。

揚起眉毛表示：

‧投入

‧專注

‧好奇

臉部標點

人除了會利用雙手來強調自己說的話，也會運用快速的臉部動作——比方說，我們可能會咬唇表示緊張，或者鼓起臉頰表示挫折。這是我們為自己的口語溝通添加層次或表現力的一種方法。

臉部標點是互動中一個正常的部分。人偶爾會把七種微表情當成臉部標點，例如，《美國偶像》這個節目的毒舌評審賽門‧考威爾，就以不屑當成臉部標點，難怪他在眾人的刻板印象裡就是評審當中最吹毛求疵那一個。但對他而言，不屑只是用來強調他說的話，而不必然是顯示出內心的嘲諷。

你如果注意到有人經常搭配話語使用七種微表情中的一種，那個微表情可能就是他的臉部標點。

臉部標點：

‧用來凸顯想法

‧用來強調自己所說的話

‧可以是七種微表情其中之一

五官扭曲

五官扭曲是試圖隱藏微表情的結果，會因此產生一個臉部動作大雜燴。

你有沒有嘗試過壓抑打呵欠的衝動？你的身體很難遏制自己的動作，所以你只好做出這種怪異的表情——努力闔上眼皮、閉上雙唇，臉頰肌肉緊繃。這種感覺與模樣就和想要隱藏或壓抑微表情非常相似。這樣的表現可能暗示了尷尬的感受或隱藏的謊言。

如果注意到別人出現五官扭曲的表情，一定要進一步探究，找出這種偽裝的緣由。

若看見對方五官扭曲，就表示那個人：

· 正在說謊
· 對自己的反應感到尷尬
· 想要隱藏自己的眞實感受

自拍的科學

現在，我們已極少有機會可以當面給人第一印象。面試官在面試你之前會先上網搜尋你，潛在客戶拿到你的電子郵件帳號後，會在領英上把你加為好友，或者，你會透過 Tinder 這個交友 app 先認識人，再與對方出去約會。問題來了：**你的數位微表情傳達了什麼訊息？**

在眞實生活中，你有幾秒鐘時間可以給人第一印象，但在網路上就沒有這麼好的事了。普林斯頓大學心理學教授托多羅夫博士發現，在網路上看見一個人的照片，我們會在一百毫秒內對那個人做出瞬間判斷。

好消息是，你可以控制你的照片傳達出來的訊息。不論是電子郵件大頭貼、社群媒體頭像，還是商業大頭照，你都可以利用七種微表情傳達適當訊號。

在另一項實驗裡，托多羅夫博士發現，同一個人的不同圖像可以創造天差地遠的第一印象。受試者只因為看了不同的照片，就對一個人的智力、可信賴度與迷人程度改變看法。

我們做了一個叫作「辣不辣」的小實驗，而且實際上就是利用「辣不辣」這個網站（HotorNot.com）。此網站的使用者可以為陌生人的照片「評分」，而我們為四百張男男女女的照片編號，結果發現，最「辣」的照片和評分最低的照片有不同的模式。

尤其以微表情而言，在照片中露出假笑或閉嘴微笑的人，得到的分數都比較低。所以，一定要確保你的檔案照沒有在無意間露出負面的微表情。一般人常犯的錯誤包括：

‧想要表現出隨興的模樣，卻無意間露出不屑的表情。

‧以假裝的快樂表情取代眞實的微笑。

‧在陽光下瞇起眼睛，以致看起來像是憤怒的微表情。

‧眨眼或因爲對閃光燈的反應，而無意間露出恐懼的表情。

檢查你放上網的照片，確認自己投射出強而有力的數位第一印象。

跟隨你的直覺

最後一項提醒：跟隨你的直覺。

我們先天就會展現微表情，但也天生具備閱讀微表情的能力，本章介紹的「解譯微表情」密技只是把你早就知道的事加上名稱而已。若你忘了某個臉部表情代表的意思，或是認不出某個表情，就試著模仿它吧。**你在模仿某個表情時，往往會感受到它代表的情緒。**這種現象背後的根據是「臉部回饋假說」。

這個假說認爲，人的臉部表情與情緒連結在同一個迴圈裡。當你感受到某種情緒，它就會表現在你的臉上；另一方面，你的臉做出某種表情時，你也會感受到它代表的情緒。這是個很棒的訣竅 —— 你如果想要眞正體驗別人的感受，就模仿對方的表情，藉此窺探他們的內在狀態。

給自己的挑戰

1.隨身攜帶本書附贈的「微表情快速辨識卡」，隨時練習閱讀臉部表情。

2.觀看《謊言終結者》《我要活下去》與《千金求鑽石》這類節目，練習辨識臉部表情。你可以慢速播放、暫停影片，也可以加快速度播放。

重點回顧

　　人會表現出七種普世共通的臉部微表情，一旦知道怎麼閱讀這些微表情，即可發現藏在話語背後的情緒。「解譯微表情」是藉由找出真相並理解情緒上的需求，而加速連結的終極密技。

・聆聽別人說話時，隨時都要注意那七種微表情。
・不要誤以為眉毛上揚或臉部標點是普世共通的表情。
・如果認不出某個表情，就模仿它，然後看看你會出現什麼感覺。

我在本章得到最大的收穫是：

_____

Chapter 7

破解人格
如何破解他人的人格矩陣

　　在肥皂、紙巾乃至食用油等各種產品中都屬一線品牌的寶僑，一九八四年卻因為競爭對手的蠶食鯨吞而陷入危機。

　　事情必須有所改變。在寶僑公司擔任輪班工頭的理查·尼可羅西突然被行銷主管邀請加入他們的團隊。「我當時連『行銷』兩個字怎麼寫都不知道。」尼可羅西說。不過，高階主管看出他的獨特能力，希望他的工程長才能解決公司的一些重大問題。

　　尼可羅西開始做他身為化學工程師最擅長的事：破解謎題。此外，他也把這種條理井然的思考方式應用在人際往來中。「發掘出別人最好的一面，就像破解謎題一樣。」尼可羅西告訴我。

　　他被授權進行一項大規模的組織重整工作，於是解散了各部門團隊，並指派新的領導角色。不過，他知道自己不能只憑藉履歷直接挑人組成新團隊。他認為關鍵在於把適當的人安排在適當類別的適當團隊裡。

　　尼可羅西必須找出最好的組合，且速度要快。他設計了一套他至今仍在遵循的嚴謹程序。首先，他會和每個人坐下來，透過探究性且深具洞察力的問題試圖了解對方。他認真觀察、聆聽——留意肢體語言、臉部表情與行為特徵。

　　第二，他會花時間與對方相處，而且不是遠遠站在一旁觀察。他會盡量觀察對方實際工作的模樣。「人們嘴裡說的和實際上做的經常完全是兩回事。」尼可羅西說。

　　第三，他會聆聽對方使用的話語，然後以相同的語言和對方交談。這可讓他的目標與對方的目標一致。

　　如此取得每個員工的相關資訊後，尼可羅西建立了有效率的團隊與新的

工作流程，使公司擺脫了一九八四年的泥沼，後續幾年也克服了許多危機。
到了一九八八年底，利潤已上升 68%。

　　尼可羅西開始把他的用人哲學教給寶僑許多重要的事業體。他是寶僑史
上最年輕的部門總經理、最年輕的集團副總經理，也是最年輕的企業副總裁。
最後，他奉命重整史谷脫紙業公司，結果不到兩年就讓營業利潤倍增為 7 億
美元，投資報酬率也提高到 23%。

　　我問他有什麼祕訣，他答道：「人各有特色。要領導及激勵他們，就必
須了解他們各自有什麼特點，以及他們的熱情何在。」

　　尼可羅西破解了人的謎題，你也做得到。

破解人的謎題

　　我以前一遇到人的問題就頭痛。我總是搞不清楚性格的差異，也沒辦法
理解別人的行為，遑論預測需求。為什麼我的一個朋友很愛聊天，另一個朋
友卻從來不回我電話？為什麼有些上司喜歡直接與下屬溝通，有些則讓祕書
過濾求見的下屬？

　　後來，我無意間得知了所謂的「人格五因素論」。這項心理學原則假
定所有人都有五個基本人格特徵：開放性、嚴謹性、外向性、友善性、神經
質（這五大特徵的英文依序為 openness、conscientiousness、extroversion、
agreeableness、neuroticism，首字母拼起來成了「OCEAN」〔海洋〕），而
每個人在這五項特徵的表現上有高有低。以下是每項特徵的概述：

開放性：這項特徵反映了你如何面對新想法，也描述了你有多大的好奇
心、你的創意程度，以及你有多重視多樣性與原創性。
　　‧表現程度高：喜歡新奇、改變與冒險。
　　‧表現程度低：愛好傳統、常規與習慣。

嚴謹性：這項特徵描述你完成任務的方法，衡量你的自律性、組織能力
及可靠度。

・表現程度高：熱愛待辦事項清單、組織事物及時間表。喜歡深究細節，
　把事情做到「完美」。
・表現程度低：通常偏好大想法與大策略，也許會覺得清單與時間表令
　人窒息且難以負荷。

外向性：這項特徵描述你如何面對他人。你會從社交情境中獲得能量，
還是會感到筋疲力竭？這也許會影響你的健談與樂觀程度。
・表現程度高：會因為與人相處而精力旺盛。經常心緒高昂，主動尋求
　社交機會。
・表現程度低：渴求獨處的時間，覺得與人相處讓人筋疲力竭。

友善性：這項特徵描述你如何與別人合作及搭配，也顯示你多有同理心、
多容易原諒別人，以及多關注別人的心理狀態。
・表現程度高：容易相處，深具同理心，並且喜歡照顧別人。
・表現程度低：比較喜歡分析，比較務實，比較多疑——偏好在做決定
　時排除情緒。

神經質：這項特徵描述你如何面對憂慮，也解釋了你對所處環境的情緒
反應有多強烈。
・表現程度高：容易擔心，常常經歷情緒波動。
・表現程度低：通常很冷靜、穩定，極少有情緒起伏。

　　這些特徵為我提供了一個起點。我開始透過觀察行為模式，「破解」我
生命中重要的人。出於好玩，我為每個人創造了一組像這樣的密碼：

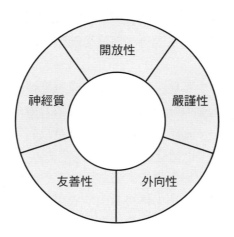

接著，我會依據他們的選擇、態度與行為，猜測他們在每個類別中的表現程度。下面就是我為當時的上司建立的密碼：

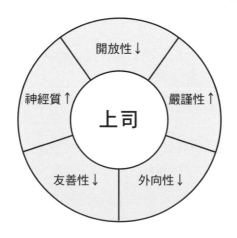

我開始把這些密碼稱為人格矩陣。花了幾個星期為我生命中的每個人建立人格矩陣之後，我發現一個值得注意的現象：我的許多人際關係及談話都開始改變了。

首先，我的談話變得流暢許多。我終於有了讓我很容易跟人聊天的指引——我會向人提出有助於我破解他們人格矩陣的問題。例如，在休息室遇見上司時，我不再焦慮。為了知道他在開放性方面的表現程度高不高（亦即

是否喜歡嘗試新事物），我問他最近去哪裡度假，接著又問了他的職涯路徑。這樣的交談使我們的互動極為融洽，他最後甚至邀我共進午餐，「以便繼續這段愉快的談話」。

第二，我對我生命中那些人的了解更深入、更精確了。知道我的上司在外向性方面表現程度低（偏好獨自工作及自行腦力激盪）之後，我從此便習慣在開會前先把我的想法寄給他，好讓他根據自己的時間安排慢慢檢視——結果他總是會先回應我，也總是優先考慮我的想法。

後來，我在解譯新認識對象的人格方面速度愈來愈快，只要和人聊個幾分鐘，我就能猜出對方在五項人格特徵上的表現程度。第一次和我上司的太太見面時，我立刻就能藉由詢問她最喜歡的餐廳，與她建立連結。她的回答幫助我預測她可能最喜歡哪些談話主題，於是我們一面喝飲料，一面熱烈地聊了起來。

我無意間遵循了尼可羅西用來了解一個人的指南。我提出目的性問題，然後聆聽並觀察行為線索，接著又利用他們各自的密碼，或說「人格矩陣」，預測並迎合對方的行為。

這讓我發展出我最強大的一項讀人密技：速讀。在學習掌握這項密技之前，我們先來談談人格來自何處。

資訊補給站

在我們的問卷調查裡，多數人都認為自己的人格是最大的資產。

作答次數
1673

1. 我最大的資產是：（單選）

		選答百分比	選答數
A.	我的身體	8%	140
B.	我的人格	31%	515
C.	我的幽默感	21%	354
D.	我的智力	20%	337
E.	我的同理心	20%	327

人格背後的科學

　　長久以來，研究人員都對人格深感興趣，但直到一九八○年代，心理學家戈德堡博士才終於獲致第一項重大突破，發現人格五因素論最為精確。

　　人格對我們如何做決定、形成目標，以及平衡工作與人際關係有重大影響，而我們通常無法控制自己的人格，因為你的人格約有 35% 到 50% 由基因決定。此外，人格也有相當程度是由成長背景形塑，這又是一項你無可控制的因素。

　　你是否曾希望自己的同事可以比較有條理？是否試過說服你的伴侶不要整天宅在家裡？是否曾嘗試安撫你的朋友少擔點心？這些做法從來沒用！我們不可能改變人的本性，與其試圖改變他人，不如學習解譯、迎合及預測他們的行為。

　　首先從自我評估開始。請盡可能誠實作答：

開放性

　　這項特徵描述了你的好奇心，以及對新觀念的接受度。把你覺得最像自己的描述勾選出來：

開放性表現程度高的人會：
____ 非常好奇。
____ 喜愛嘗試新事物。
____ 熱愛冒險，帶點夢想家的特質。
____ 可能顯得不切實際或不專注。

開放性表現程度低的人會：
____ 喜愛習慣、例行公事與常規。
____ 重視並遵循傳統。
____ 比較務實，而且資料導向。
____ 可能顯得思想保守且缺乏彈性。

　　根據你的回答，你認為自己在開放性的表現程度上落在什麼地方？在合乎你的表現程度之處畫上一條線：

低 ◄------------------------► 高

嚴謹性

這項特徵涉及你完成工作的方式。把你覺得最像自己的描述勾選出來：

嚴謹性表現程度高的人會：
＿＿＿ 非常有條理且注重細節。
＿＿＿ 喜愛待辦事項清單、計畫及時間表。
＿＿＿ 追求完美。
＿＿＿ 可能顯得控制欲強烈且死板。

嚴謹性表現程度低的人會：
＿＿＿ 喜愛廣泛的概念，不會拘泥於細節。
＿＿＿ 非常有彈性。
＿＿＿ 不喜歡被計畫或時間表束縛。
＿＿＿ 可能顯得行事馬虎而不可靠。

　　根據你的回答，你認為自己在嚴謹性的表現程度上落在什麼地方？在合乎你的表現程度之處畫上一條線：

低 ◄------------------------► 高

外向性

這項特徵說的是你和別人相處的方式。把你覺得最像自己的描述勾選出來：

外向性表現程度高的人會：

____ 十分健談，而且通常會主動發起談話。

____ 對自己的意見充滿自信且勇於表達。

____ 與別人相處時覺得充滿活力且精力充沛。

____ 可能顯得自以為是且不甘寂寞。

外向性表現程度低的人會：

____ 比較害羞拘謹。

____ 喜歡獨處，和許多人待在一起可能會覺得筋疲力竭。

____ 喜歡保有隱私，對分享個人資訊有所遲疑。

____ 可能顯得冷漠。

根據你的回答，你認為自己在外向性的表現程度上落在什麼地方？在合乎你的表現程度之處畫上一條線：

低 ◄------------------------► 高

友善性

這項特徵涉及你看待團隊合作與決策的態度。把你覺得最像自己的描述勾選出來：

友善性表現程度高的人會：

____ 很容易和別人合得來。

____ 傾向於信任他人，且熱愛身為團隊成員。

____ 習慣答應別人的請求。

____ 可能顯得好欺負或被動。

友善性表現程度低的人會：

____ 比較難與人團體合作。

____ 經常懷疑別人的動機。

_____ 習慣拒絕別人的請求。

_____ 可能顯得好勝或難搞。

　　根據你的回答，你認為自己在友善性的表現程度上落在什麼地方？在合乎你的表現程度之處畫上一條線：

低 ◀------------------------▶ 高

神經質

這項特徵代表你的情緒穩定度及容易擔憂的程度。把你覺得最像自己的描述勾選出來：

神經質表現程度高的人會：

_____ 容易擔憂。

_____ 往往悶悶不樂。

_____ 相當敏感。

_____ 可能顯得太過情緒化或欠缺安全感。

神經質表現程度低的人會：

_____ 性情穩定且平衡。

_____ 通常沉著冷靜。

_____ 懷有「船到橋頭自然直」的信心。

_____ 可能顯得淡漠或冷酷。

　　根據你的回答，你認為自己在神經質的表現程度上落在什麼地方？在合乎你的表現程度之處畫上一條線：

低 ◀------------------------▶ 高

　　你有沒有注意到，自己在某些人格特質的表現程度上經常落在**中間點**？

這完全正常。如果你覺得自己的某項人格特質在不同時候會出現表現程度高與低的狀況，那麼你就屬於中間點。舉例而言，在外向性表現程度處於中間點的人，就是擁有所謂的「中向性格」，意指某些情境會讓他們覺得外向，有些情境又會使他們封閉自我（這和個人的活躍地點及奮力求生地點有很大的關係）。為了達到自我評估目的，請想想你大多數時候表現出來的人格；你甚至可以根據你閱讀本書想要達到的目標，鎖定你在職場或社交情境中的表現來評分。

這樣破解人格矩陣

　　二〇一四年底，我們實驗室的業務已經繁忙到令人應接不暇，於是找了三名實習生，我也等不及要趕緊讓他們上手了。

　　起初，一切都進行得相當順利。到了第四天，那三名實習生已經可以幫忙管理我們極為活躍的社群媒體帳戶。

　　過了大約兩個星期，我們卻遇到了問題：其中一名實習生——姑且稱她為伊娃——難以完成她的任務。我想，沒什麼好擔心的，我只要提供她更詳細的指示就好了。

　　但在接下來那個星期，她尚未完成的專案仍然阻礙了其他團隊成員的工作。我想，不用擔心，我會去找她談談，問她比較喜歡什麼樣的工作。我們坐下來共進午餐，我提議了一些她可能會喜歡的新專案，她也認同我的想法！看來沒問題。

　　一個星期後，我發現她根本沒有開始做我們談到的那些工作。我想，不用擔心，我只要為她搭配一個比較資深的團隊成員來指導她就行了。

　　一個星期後，伊娃寄了一封電子郵件給我，說她想要辭職。我大惑不解：到底是哪裡出了錯？

　　答案很簡單：我沒有成功解譯她的人格矩陣。我和伊娃互動都是依據我自己的人格特質，而不是她的。從此以後，我就發展了一套破解他人人格矩陣的系統。

行為密技 7
速讀

利用人格矩陣破解他人的五大人格特質。

　　「速讀」是一項三步驟的行為密技。首先，你必須確認自己的人格，然後迅速了解你的互動對象，再決定應該妥協或迎合對方。

　　在我教導的所有行為密技中，最多人因為「速讀」這項密技而興奮不已地寄電子郵件與我分享。

　　速讀能徹底改變人際關係。只要使用正確，即可釐清誤會、避免爭吵、為閒聊增添風味，並加速建立情感連結。

　　這雖是我最強大的一項密技，卻也極度困難。如果你必須把這個段落反覆讀上幾次，那麼請這麼做。比起其他密技，若你必須在「速讀」上投注更多時間，就好好接受這一點吧。這項密技如果有點超出你的舒適圈，就不時休息一下，補充精力，然後繼續前進。我保證，這一定會改變你的人際關係。

步驟 1：解譯自己的人格矩陣

　　解譯你自己的人格矩陣，是速讀的第一步。

　　請把你在前一節的自我評估結果填入以下的空白人格矩陣圖內 —— 在你表現程度低的人格特質旁畫一個向下的箭頭，表現程度高的特質旁畫一個向上的箭頭，表現程度中等的特質旁則畫一個代表「等於」的符號。

　　要特別提醒的是，有些人發現自己的人格特質在個人面向或職業面向上有些微不同。如果你是這樣，那麼請以不同顏色標示你針對這兩個領域的自我評估結果。

　　以下是我的人格矩陣及說明，藉此讓你了解自我解譯是怎麼一回事。請把你的答案列在我的答案旁邊。

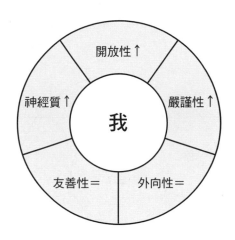

　　我的人格矩陣幾乎和實習生伊娃完全相反，這就是我們合不來的原因之一。我一直想把自己的人格強加在她身上，可是這樣做從來不會有好結果：

・我的開放性高，所以我充滿好奇心，且熱愛實驗。我認定伊娃在工作上也會喜歡被指派有趣的新任務及學習新技能；我幫她挑選的都是我自己會喜歡的專案，而不是她喜歡的。
・我的嚴謹性高，所以我熱愛細節、計畫及待辦事項清單。我不斷提供伊娃更多細節，以為這樣能安撫她、指引她。
・我的神經質程度高，所以總是過度熱切地想要確保團隊裡的每個人都很開心。我一再探問伊娃的狀況，讓她因此備感壓力。
・我的友善性和外向性都是中等，所以在適當的情況下——或是在我的活躍地點——喜歡和人合作，但我沒有把伊娃的活躍地點納入考量。

　　這種做法行不通——**實際上，這是一種自私的互動方式**。我只透過自己的人格看待伊娃，而沒有迎合她的人格特質。

步驟 2：解譯對方的人格矩陣

　　我到了事情差點無可挽回才意識到自己沒有運用伊娃的人格矩陣。收到

她的電子郵件後，我立刻抽出一張紙，開始解譯她的人格特質 —— 這其實是
我剛雇用她時就該做的事。

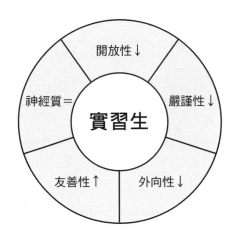

· 伊娃的開放性低，所以我建議的眾多專案令她喘不過氣來。
· 伊娃的嚴謹性低，所以我那些又長又仔細的電子郵件令她望而生畏。
　她不曉得該怎麼著手，乾脆不做。
· 伊娃的友善性高，所以對我提出的所有問題和專案都表示同意，儘管
　那些東西有點嚇到她。她怕自己會破壞團隊的節奏或令我失望，但又
　不確定該怎麼做。
· 伊娃的外向性低，所以指派一名導師給她，並將她安排在一個由三名
　新進實習生組成的團隊裡，等於把她丟進奮力求生的情境中。更糟的
　是，她又不好意思開口求助。
· 伊娃的神經質程度中等，因此難以理解我的擔憂，對於我一再探問她
　的狀況也有些氣餒。

　　這麼一分析，伊娃的行為及低落的生產力終於說得通了！把她的人格矩
陣和我的並列比較，不但解釋了先前的失誤，也讓我知道接下來該怎麼做。

【直接做法】
開始練習猜測你剛認識的人的人格特質，而我強烈推薦採取直接做法。

我經常直接向新朋友、新員工及新同事詢問他們的人格特質,這是解譯一個人的人格矩陣最簡單也最直截了當的方法。以下提供幾項策略:

．**當成談話開場白:**「我正在看一本書,裡面提到五種人格特質——你有聽過嗎?」對方如果聽過最好,你就直接詢問他各個人格特質的表現程度;若對方沒聽過,就一一說明每一項人格特質,並且現場互相猜測彼此的表現程度。

　　．**當成正式程序:**現在,我會特地在實習生開始上班的第一個星期讓他們正式接受人格測驗。這樣做也可以創造絕佳的辦公室話題。

　　．**當成虛擬程序:**網路上有許多工具可以幫助你解讀人格特質。劍橋大學製作了一項免費工具,叫作「添加魔法醬料」(Apply Magic Sauce),能夠檢視你的臉書檔案,藉由貼文、照片、朋友與溝通模式,找出你的人格線索。

　　．**當成溝通程序:**有一項叫作「水晶」(Crystal,www.crystalknows.com)的工具,會利用你以往的電子郵件及別人的領英檔案,而針對他們的五大人格特質需求,以及該如何與他們溝通,向你提出建議。舉例而言,我如果要寫電子郵件給我的同事丹妮兒,這項工具就會根據她的人格及如何與她合作,提供我最適合用來與她溝通的電子郵件範本:

速讀做法

　　如果沒有時間直接向對方詢問他的人格，或者覺得問不出口，就可採取速讀的做法。你可以從對方的肢體語言、口語線索及行為表現獲取資料，藉以解譯他的人格矩陣。**我先前教你的每一項密技，都是在為這個做準備**。和人談話時，要注意聆聽口語線索，也要觀察非口語線索。例如：

・問一個內向的人「你認識這裡的其他人嗎」，可能會讓對方緊張，而閃現恐懼的表情。
・鼓勵開放性低的朋友嘗試一家新餐廳，或是點不同的餐，可能會令他們覺得惱怒，而對你閃現憤怒的微表情。
・對嚴謹性低的客戶提出一個又長又詳細的提案，可能會讓他們招架不了，而在你把那一大疊提案內容遞給他們時閃現不屑的表情。

　　你也可以把解讀人格的線索和心理學家高斯林所謂的行為證據搭配使用。在一系列引人入勝的研究中，高斯林分析了受試者的個人財物、房間與工作隔間，藉此解讀他們的人格類型。以下這些簡單的問題是利用他的研究發現設計而成，能夠幫助你判斷人格特質，以及可當成可靠人格證據的行為。

■開放性

可以提出的問題：

- ・最近有沒有要去哪裡度假？
- ・我剛嘗試了我這輩子第一次的 _____。你有試過嗎？
- ・最近有沒有去哪家新餐廳吃過飯？

行為：

- ・表現程度高：這是個絕佳的方法，能夠得知對方是否喜歡去新的地方、上新的餐廳，以及喜愛旅遊──或者是不是渴望體驗更多新事物。
- ・表現程度低：一個人如果每年都去同樣的地方度假，去同樣的餐廳用餐，或者偏好待在家裡，可能就是開放性低。

線索：

- ・開放性高的人，居住空間可能會擺滿旅行時買回來的紀念品，並喜歡在社群媒體發布異國食物的照片。
- ・開放性高的人，對書本與音樂的品味相當多樣化。
- ・開放性高的人非常好奇，喜歡提問。
- ・開放性低的人，有許多常規和習慣。
- ・開放性低的人，在自己最喜歡的餐廳可能熟得連服務生都認識，而且每次都點一樣的餐點。

■嚴謹性

可以提出的問題：
‧最近有沒有要進行什麼大案子？
‧你有什麼計畫？
‧你今年有沒有設定任何目標，或者許下新年的新希望？

行為：
‧表現程度高：嚴謹性高的人，對自己的人生接下來有什麼發展通常瞭如指掌，也能夠清楚描述自己即將執行的案子，就像念待辦事項清單一樣。
‧表現程度低：嚴謹性低的人比較隨和。他們也許不善於擬定計畫，而喜歡「隨機應變」「看看事情怎麼發展」，以及「順其自然」。

線索：
‧嚴謹性高的人，通常會仔細維護自己的外表和財物。
‧嚴謹性高的人，經常按字母順序排列書架上的書，還會有個人化的歸檔系統，以及記載詳細的日誌本。
‧值得注意的是，高斯林發現嚴謹性高的人，房間裡的照明通常相當充足。
‧嚴謹性低的人常向別人借筆、忘記為手機充電，而且經常小遲到。這些問題也不會對他們造成太大的困擾——畢竟，「船到橋頭自然直」。
‧嚴謹性低的人經常在只剩下最後一條內褲可以穿的時候才洗衣服。
‧嚴謹性低的人可能不會注意到自己的桌面一團亂，堆滿文件和尚未拆封的信件。

■外向性

可以提出的問題：
‧你在這裡還有沒有認識其他人？

· 你這個週末要做什麼？
· 你理想中的一天是什麼模樣？

行為：
· 外向程度低者認識的人雖然可能和外向性高的人一樣多，但外向性高的人可能會想要進一步了解身邊的人，並特地設法「廣泛結交」。
· 表現程度高：一般而言，外向者會想要多和別人相處，而且在社交活動之間不需要休息時間以恢復精力。對他們來說，獨處的時間可能並非必要。
· 表現程度低：內向者排定的社交活動可能比較少 —— 或者可能會交錯安排與人相處的活動及獨自進行的活動。

線索：
· 外向性高的人較常露出笑容，笑起來也比較開朗，因為他們通常比較樂觀。
· 外向性高的人在大群體中比較自在，並經常表現出鮮明且充滿自信的肢體語言。
· 外向性高的人喜愛和人分享自己的生活瑣事與成就。他們比較常透過簡訊和人連絡，電子郵件也寫得比較長。
· 外向性低的人偏好一對一的談話。
· 外向性低的人偏好在安靜的環境中與人建立關係，或者從事完全不需要交談的活動。
· 高斯林發現外向者的辦公室或工作隔間有比較多的裝飾，因為他們希望把自己的空間布置得比較吸引人；換句話說，他們會利用裝飾品、遊戲和糖果吸引別人進入他們的空間。有趣的是，這可不適用於他們的臥房！

■友善性

可以提出的問題：

- 你晚餐想吃什麼？
- 你通常會扮演和事佬的角色嗎？（這個問題可以很自然地提出來。例如，談到兄弟姊妹時，你可以問對方通常是麻煩製造者、開心果或和事佬；提到朋友的恩怨情仇時，則可以問對方是否通常是那個卡在中間左右為難的人。）
- 等一下要不要加入我們？（這個問題也可以幫助你衡量對方的外向性。）

行為：
- 表現程度高：友善性高的人習慣同意，所以通常會回應：「好啊，別人做什麼我就做什麼！」或「你有什麼想法？」
- 表現程度低：友善性低的人習慣拒絕，經常會先拒絕你所有的提議，然後自行衡量一項決定的優缺點。

線索：
- 高斯林指出，友善性高的人走路的姿態通常比較放鬆，手臂擺盪的幅度較大。
- 友善性高的人會把全世界的問題攬在自己身上。他們想要照顧生命中的所有人，為人提供幫助及解決問題——有時候，這表示他們不會照顧自己。
- 友善性低的人比較不受情緒影響，而是著重事實。對他們而言，合作的重要性比不上恪守正義，也比不上單純找出正確的答案。
- 友善性低的人不想知道你對一件事物有什麼**感覺**，他們想知道的是Google 怎麼說。

■神經質

可以提出的問題：
- 你這星期過得怎麼樣？
- 現在是你忙碌的季節嗎？

‧還有什麼我應該知道的事情嗎？

行為：

‧表現程度高：神經質程度高的人通常充滿壓力又忙碌（我實在不願意這麼說，但容易擔憂的人經常認為如果沒有什麼事讓他們覺得壓力很大，就表示他們做得不夠。我很清楚這一點──因為我就是這種人）。

‧表現程度低：神經質程度低的人較能承受壓力與難題，所以就算很忙，他們對自己的忙碌表現出來的**態度**還是比較沒那麼焦慮。

線索：

‧高斯林指出，神經質程度高的人比較會在辦公空間與家中貼一些自我激勵的引文或訊息。他們利用這些文字自我安撫、自我調整。

‧神經質程度高的人通常會為了以防萬一而想要對你**多說一件事**。他們會為所有可能的後果規畫與準備。

‧高斯林指出，神經質程度高的人傾向穿深色服裝。

‧神經質程度高的人善於**預防**危機。他們會思考每一種可能的「如果」情境，所以會為最糟的狀況做好準備。

‧神經質程度低的人在危機時刻是極佳的夥伴，因為他們能夠清楚思考，保持冷靜，扮演所有人的定心丸。

‧神經質程度低的人通常只注意順利進行的事，而不是出了問題的部分，所以對別人的壓力與忙碌比較難以感同身受。

你不但可以提出上面的問題以解讀人格，也可以聆聽別人問你的問題。舉例而言，我在舉辦一場派對的前幾天，收到我的朋友莎拉寄來的這封簡短的電子郵件：

嗨，凡妮莎！

我已經等不及星期六的派對了！！！我會帶一道以前從沒做過的雞肉料理，所以事先通知你，我們到時可能得訂披薩。

　　你的邀請函沒有注明結束時間。你知道派對什麼時候會結束嗎？這樣我就可以先告訴保姆。

愛你的莎拉

　　P.S. 你上次提到你還需要一些椅子。如果要我們另外帶些折疊椅，別忘了告訴我們喔。

你可以從這封電子郵件猜出莎拉的人格矩陣嗎？

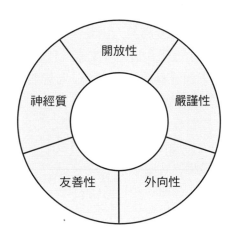

　　我會鼓勵你在完成一個人的人格矩陣之前多挖掘一點，但如果必須速讀莎拉，那麼以下就是我從她的信件推論出來的結果。且讓我以表格的形式呈現：

證據	猜測	線索
嗨，凡妮莎！ 我已經等不及星期六的派對了！！！	外向性高	・話語中對社交互動表達了興奮之情。 ・用了許多驚歎號，暗示活力充沛與樂觀的態度。

我會帶一道以前從沒做過的雞肉料理，所以事先通知你，我們到時可能得訂披薩。	開放性高	・渴望嘗試新料理。 ・可以接受失敗的結果（甚至可能認為失敗是正面經驗）。
你的邀請函沒有注明結束時間。你知道派對什麼時候會結束嗎？這樣我就可以先告訴保姆。	神經質程度高 嚴謹性高	・關心保姆的需求。 ・注意到細節，而且希望知道結束時間。 ・需要掌控狀況。
愛你的莎拉 P.S. 你上次提到你還需要一些椅子。如果要我們另外帶些折疊椅，別忘了告訴我們喔。	友善性高 嚴謹性高	・記得別人情緒上的需求。 ・願意花費心力幫助別人。 ・預先規畫。

　　再次強調，我沒辦法百分之百確定這些特質，但我可以做出有根據的猜測，而這樣就能幫助我撰寫回信：

- ・由於她的嚴謹性高，我應該告訴她確切的時間和椅子數量。
- ・由於她的神經質程度高，我應該盡早告訴她這些資訊。
- ・由於她的開放性高，我要支持她嘗試新料理的渴望（並且把披薩店的電話號碼設定在快速撥號清單裡）。
- ・由於她的友善性高，外向性也高，我可以確定她無論如何都會在派對上玩得很開心。

　　學會快速且精確地解讀別人在每一項人格特質上的表現程度，需要經過練習。所幸，我們在「行為密技 2：三項武器」中已經談過你給別人的第一印象的重要性。我們對別人的第一印象也同樣重要。

　　好消息是：**你的第一印象有 76% 是正確的**。你知道為什麼嗎？二〇一四年十一月的《認知科學趨勢》期刊刊登了一項研究，顯示我們能夠依據臉部的形狀與特徵猜測人格與一般性特質，例如，我們通常認為外向者和內向者看起來不一樣。以下是那項研究針對幾項人格特質的表現程度高低所提供的圖像，你能夠把下列描述和正確的圖像組合搭配在一起嗎？

_____ 從內向到外向

_____ 從不可靠到可靠

_____ 從沒有能力到能幹

_____ 從不權威到權威

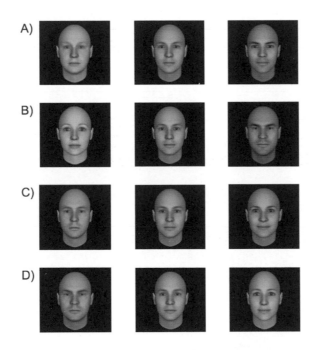

解答：

　C　從內向到外向

　D　從不可靠到可靠

　A　從沒有能力到能幹

　B　從不權威到權威

　　不知道為什麼，我們的大腦就是能認出人格特質的「樣貌」。有些研究顯示，我們能夠依據臉部形狀與骨骼結構下意識地針對人格得出結論。所以，

下面就是你剛認識一個人時該做的事：

· **直覺檢驗：** 我們對外向性、嚴謹性與友善性的速讀猜測最準確，所以評估別人的這些面向時，盡量信任自己的第一印象。而判別開放性最好的方法，是觀察對方所處的空間或臉部形狀。

· **口語檢驗：** 我們對神經質程度高低的評估最不準確，所以後續提出的問題與觀察在這方面最為重要。

· **數位檢驗：** 我們甚至可以藉由一個人放在網路上的照片與檔案判斷對方的人格。心理學家絲敏娜·瓦希芮發現，臉書的個人檔案不僅反映一個人的理想自我，也反映了真實的人格。

剛開始速讀時，你也許只能猜中兩、三項特質，這是個很棒的起點！下次有朋友來找你，就問對方你能不能看看他的兄弟姊妹或童年朋友的臉書照片。設法猜測那些人的人格矩陣，然後請你的朋友揭曉答案。

為了好玩，你也可以練習破解電視人物的人格矩陣，例如：

· 《史酷比》裡的薇瑪。
· 《摩登家庭》裡的菲爾。[1]

速讀他人的道德準則

關於速讀，還必須記住最後三件事：

1. **速讀的重點在於同理心。** 就算只是嘗試速讀他人，也會讓你在人際遊戲中遠遠領先。要破解別人的人格矩陣，就必須有目的地提出問題、深入聆聽，並試著以對方的方式與之連結。我們想要被破解，因為這樣會讓我們覺得自己被聽見、被理解。

注 1：薇瑪的人格矩陣是「開放性高，嚴謹性高，外向性中等，友善性低，神經質程度中等」；
　　　菲爾的人格矩陣是「開放性高，嚴謹性中等，外向性高，友善性高，神經質程度中等」。

2. **沒有所謂「最佳」或「正常」的人格傾向**。你對別人貼上人格特質標籤時，不要假定什麼樣的特質是「正確」或「錯誤」的。我的目標是幫助你辨識並尊重他人的先天傾向，發現對方的真實面貌，而不是你希望他呈現的模樣。一旦接受並迎合別人的真實面貌，而不試圖改變或評判他們，你與人的互動就會更深入，談話更流暢，也更能預測別人的行為。

3. **人格特質不是刻板印象**。不要任由你對別人性別、種族或年齡抱持的假設妨礙你準確解譯對方的能力。這是揚棄一切偏見的另一個理由，因為偏見從來無助於你解譯他人或與人融洽相處。

步驟 3：考慮雙方的人格特質

一旦開始解譯別人的人格，就可以開始想想你們雙方有哪些互補的特質，又有哪些特質可能互相衝突。

你和對方的特質如果相配，當然最好，你們通常可以順暢而平衡地溝通。你們的特質如果不相配，那麼你有兩個選擇：迎合對方或妥協。

策略	說明	應該問的問題
妥協	如果妥協，就表示你承認你無法徹底改變你們兩人的人格特質，但你可以找到雙方都能接受的中間點。	依據你的需求和對方的要求，你可以怎麼藉由雙方的些微退讓而達到目標？
迎合	如果迎合對方，你就是決定為了和諧相處而跳脫自己的舒適圈——這可能意味著違反自己的先天傾向以支持對方。有時候，在困難的工作專案、與伴侶的爭吵，以及長期的友誼中，我們付出的都必須比得到的稍微多一點。	你的界線在哪裡——有什麼是不能改變的？對方的界線在哪裡——他們有哪些部分是可以遷就取捨的？

我每天都會因為生活中遇到的不同人格而必須決定妥協或迎合。舉例而言，我的嚴謹性高，但我先生的嚴謹性低；我喜歡把襪子依照顏色、大小與

場合分類收納，但我先生就算穿了兩隻不同的襪子也沒關係，甚至在他的腳套上忍者龜殼或一個盆栽他都不介意。我們試圖迎合對方——我試著把我先進的襪子整理技術教給他。這個做法只持續了兩天。現在，我們在衣櫥兩端各有一個自己專屬的襪子抽屜，雙方都因此避免了許多頭痛的狀況。

當初我要是把這項「妥協或迎合」的做法應用在伊娃身上，也許會是以下這樣的狀況：

開放性： 我們在開放性的表現程度上恰恰相反。

迎合對方： 與其指派新的學習專案，我應該檢視她履歷上的過往工作經驗，根據她既有的技能指派合適的工作，而不是為她指定全新的方向。

嚴謹性： 我們在嚴謹性的表現程度上也是恰恰相反。

妥協： 由於伊娃的嚴謹性低，我應該強調每項專案的大目標，然後讓她自由發揮，而不該以各種細節對她疲勞轟炸。

外向性： 伊娃的外向性低，所以偏好獨自工作。面對面談話令她難以招架。我應該在會談之前先以書面方式把她的工作項目寄給她。

迎合對方： 我大可讓伊娃獨自執行她的專案，而不必和其他實習生坐在一起。我也應該在她來受訓之前先請她看我們「人的科學」實驗室的教學課程。她需要時間預先為問題做好準備，並且依照自己的速度慢慢學習。

友善性： 這又是另一個我應該多以電子郵件和她連繫，而不該太常與她當面會談的理由。伊娃的友善性高，所以會忍不住想要討好她的新上司與同事。

迎合對方： 與其每週和她坐下來檢討當週的工作情形，我應該安排比較正式的書面檢討，讓她能夠回饋意見給我。她需要在自己感到安全的空間裡陳述需求與設定界線。

神經質： 我的神經質程度高，所以我的擔憂帶給伊娃太多壓力。她把我的這種表現當成是針對她個人，以為我對她什麼小事都要管。

妥協：儘管我無法減少擔憂（我還真希望可以），但我應該讓伊娃知道我探問她的狀況其實不是針對她個人。她不曉得我對團隊裡的每個人都是這樣。此外，我也應該在固定時間去了解她的狀況（例如每週五下午），這樣她就可以事先做好心理準備。

總而言之，我與伊娃之間的相處問題也許是可以避免的。不過，知道這類問題在未來可以輕易化解，仍然令人頗感安慰。

額外訣竅：善用各項人格特質的優勢

了解別人的人格可以大幅強化你的說服力。不論你是在向客戶提議新點子，或是想要說服伴侶陪你去你最喜歡的餐廳用餐，都應該依據對方的人格量身打造提案。這樣不但可以讓你的提案更有機會成功，也能讓整個過程進行得更愉快。

開放性的優勢

■表現程度高：若你知道自己提案的對象開放性高，就先提出所有令人興奮的新效益，並預留時間讓對方和你腦力激盪出其他點子。

- 在私生活中的應用：「我聽說這家印度餐廳會把我們以前從沒嘗過的食材結合在一起！」
- 在職場上的應用：「這套新的供水系統可以為你帶來比較大的水壓，還可以降低水費——而且新的蓮蓬頭也包含在內！」

■表現程度低：你提案的對象如果開放性低，就先描述你**沒有**改變的部分，然後再針對你的新點子提出理性且有證據的論述，以幫助對方克服對嘗試新事物抱持的疑慮。

- 在私生活中的應用：「我知道那家餐廳還是有我們最喜歡的餐點，包括印度烤餅和菠菜起司，可是他們的印度咖哩雞和別人的做法不一樣，也許會很好吃。這家餐廳在 Yelp 網站上的評語很不錯。」
- 在職場上的應用：「這套系統很容易安裝——你不必更換自來水公司，

也不必更換水表。我們的客戶都說他們完全不覺得有什麼不同，唯一的改變就是水壓變大了。」

嚴謹性的優勢

■**表現程度高：**嚴謹性高的人會想要聽到內容豐富而深入的提案，以免漏掉任何細節。要做好迎接許多問題的心理準備。

- 在私生活中的應用：「我覺得我們應該去夏威夷，其中一個原因是到夏威夷可以搭乘直飛航班，而且從事什麼活動都很方便。我已經列出在那裡可以做的各種事情了，這是我印出來的行程表，還有我們必須存的基本預算。」
- 在職場上的應用：「我針對每個階段都準備了一份二十頁的文件。我們先一起看過一遍，然後我可以回答你所有的問題。」

■**表現程度低：**嚴謹性低的人只對你的摘要或概述感興趣。你必須提出簡短且一針見血的要點，細節只會令他們厭煩。

- 在私生活中的應用：「夏威夷是成本效益最高的選項，那裡有最多適合孩子們的活動。去夏威夷度假的花費應該是 _____ 元。」
- 在職場上的應用：「讓我告訴你這項提案的三個重點，以及接下來要立即採取的步驟。」

外向性的優勢

■**表現程度高：**外向者在提案中傾聽的是社會認同 —— 其他團隊成員怎麼想？他們也不會介意來一場即興的團體腦力激盪活動。

- 在私生活中的應用：「各位請注意！我們新年夜要做什麼？我聽說有一群人要去水晶舞廳看粉紅馬丁尼樂團的演唱會 —— 有什麼想法嗎？」
- 在職場上的應用：「我要針對我們下次的自強活動丟一些點子，你們有什麼想法也請盡量提出來，然後我們再來表決。」

■**表現程度低：**內向者不喜歡必須現場回答問題。他們比較喜歡有時間

自行檢視你的提議，然後再做決定。

- 在私生活中的應用：「嘿，你們新年夜想做什麼？要不要設個群組讓大家提供意見？你們如果有什麼想法，就讓我知道。」
- 在職場上的應用：「我要大家開始想一想夏天的自強活動。請把你們的建議寄給我，好讓我透過電子郵件進行意見調查。」

友善性的優勢

■**表現程度高：**友善性高的人可能當面會答應你，但事後又拒絕你。他們通常希望避免衝突，以免傷及任何人的感情，因此當下可能不會提出心裡真正的疑慮。

- 在私生活中的應用：「你確定你沒問題嗎？我知道談論這件事可能讓你覺得不自在，但我必須知道你的感覺。你有什麼想法都儘管告訴我。」
- 在職場上的應用：「我會在每個段落的結尾停下來聆聽所有人的意見。相信我，我不會覺得被冒犯，所以有什麼顧慮都一定要提出來。在這個階段，有什麼問題最好全部攤開來談。」

■**表現程度低：**友善性低的人在取得證據之前，可能都會對你的說法抱持懷疑的態度。準備好迎接嚴苛的問題！

- 在私生活中的應用：「在你說話之前，先讓我解釋我的立場，告訴你實際上發生了什麼事。我想我的說法就整體來看是有道理的。」
- 在職場上的應用：「我要一口氣做完整場簡報，所以請你們把問題保留到最後再提出來。我把所有事情說完之後，會留下很多問答時間。」

神經質的優勢

■**表現程度高：**神經質程度高的人喜歡聽到**你**擔心他的一切；換句話說，要安撫一名神經質的人，就是讓對方認為你已經思考過並解決了一切可能的後果，所以他不必再擔心。這麼做可以建立信任感。列出正反兩面，有助於證明你兩方面都考慮過了。

- 在私生活中的應用：「我知道你對我們該怎麼做感到擔心。我認為我

們應該搬家，但坐下來一起列出支持和反對的所有理由吧。我們也應該討論備用計畫。」

・在職場上的應用：「先從提案裡的預防措施談起。如果有任何延遲或行不通的地方，我們已經預留了緩衝時間，也有額外人手隨時待命。」

■**表現程度低：**神經質程度低的人不太關心假設性的狀況，提出來可能會造成他們不必要的擔憂。在合理範圍內，他們會認爲你說了算。所以，你只要考慮一切應當考慮的問題，並提及你已經做到這一點，這樣就行了。

・在私生活中的應用：「我想了很久，確定我們應該搬家。你如果同意，我就去找仲介談，再讓你知道進度。」

・在職場上的應用：「我們也知道可能會發生意料之外的狀況，我們的人都有充分的能力可以因應任何問題，這點我可以保證。」

不同的人格需要全然不同的做法——這可是一件好事！一旦迎合別人沒有說出口的偏好，你就可以大幅領先其他人。

挑戰速讀他人的人格

正如學習閱讀，學習速讀也不可能一夕成功。想要精通速讀這項密技，最好找你認識的人練習，並一再檢討過去的經驗。

請接受以下挑戰。

・開始辨識你生命中的人的人格特質，在下面的表格裡畫上「等於」符號或上下箭頭，如果不確定就留白。

・把和你相符的特質圈起來。

・列出你在人際關係或溝通上遭遇的挑戰。這些問題是否和人格差異有關？

・你在這些問題上可以迎合對方或妥協嗎？

	開放性	嚴謹性	外向性	友善性	神經質	你最難以克服的挑戰是什麼？	迎合對方或妥協？
你想拉近關係的人							
你的目標對象							
你最好的朋友							
你的伴侶（或前伴侶）							
你的上司（或前上司）							
你的同事							
你的父母							

完成以上這項挑戰之後，你可能會發現一些引人注意的模式。

・**地理位置**：視你的居住地區而定，你可能會注意到某些特質或人格模式大量出現。由於人格有一大部分是遺傳的結果，我們會發現某些特質集中於特定地區。此外，我們也知道文化對人格特質有強大的影響力，例如南加州與紐約市是創業、冒險及活在當下這類精神的聚集地。由於這些地方住了比較多開放性高的人，也就不意外地會吸引更多開放性高的人前來。

・**自我選擇**：我和嚴謹性高的朋友通常比較合得來，因為他們不會遲到，而且和他們一起規畫事情也比較容易。透過這種方式，我自我選擇了朋友，並且偏好某些人格特質。你的上司、朋友和你也許性格相似，因為這有助於你們融洽相處及互相理解。你生命中重要的人如果和你擁有相似的人格矩陣，可別感到驚訝。

・**職場文化**：曾經到英特爾演講，結果一名聽眾提到英特爾所吸引並雇用的員工都有類似的人格特質——通常是嚴謹性高的內向者。有些企業可能會吸引特定人格類型組合的人。創意發想類公司可能會雇用開放性高、外向性高的人，而如果是個著重技術面的老闆，也許會雇用嚴謹性與友善性高的

員工。你同事的人格矩陣可能和你差不多，因為他們和你都是被同一個人雇用的，或者你們公司的文化會吸引特定類型的人。

外向的人　　友善的人

神經質的人　　嚴謹的人

對人生體驗抱持開放態度的人

資料來源：Jason Rentfrow、
Sam Gosling與Jeff Porter
分析：Kevin Stolarick
繪圖：Ryan Morris

www.WhosYourCity.com

　　破解人格矩陣會讓人樂在其中。引用尼可羅西的話：「我發現我真正熱愛的不是行銷，而是深入理解別人是什麼樣的人，以及他們想要什麼，又為什麼想要那些東西。深入了解別人的心態成了我的熱情所在。」現在，是你深入了解別人的心態以幫助對方——和你自己——成功的時候了。

給自己的挑戰

1. 想要確保你的人格矩陣正確無誤，可以上我們的網站接受正式人格測驗：www.ScienceofPeople.com/toolbox。
2. 如果你的速讀挑戰還有空格，就把你生命中的人列進去，並向對方提出目的性（且能夠創造談話火花）的問題。
3. 額外訣竅：請你的伴侶、好友及父母**想像自己是你**，來接受我們的正式人格測驗。沒錯，我要你讓最熟悉你的人來評估你的人格特質，藉此檢驗你的自我認知。

重點回顧

　　人格矩陣是我最強大的工具。首先，誠實檢驗自己的人格；接著，透過提出適當的問題及觀察對方的行為，解譯別人的人格；最後，確保你能夠以迎合對方或妥協的方式化解彼此的差異。

・不要把你的人格特質強加在別人身上。
・學習速讀五大人格特質中的每一項特質。
・試著把你的人格特質結合起來，好讓那些特質互相搭配，而不是互相牴觸。

我在本章得到最大的收穫是：

_____

Chapter 8

賞識的五種模式
如何激發他人最好的一面

　　我每次和佩姬‧亨迪克絲‧巴克納見面，她都一定會從口袋或皮包裡掏出一件禮物送我。有時是她花園裡的香草，用沾溼的紙巾細心包裹起來；有時是我最喜歡的糖果。基本上，她就像我的祖母，只是比較年輕也比較活潑。她有一項特殊天分：可以為她遇見的每個人找到最適合的禮物。

　　幾年前，她開始利用自己的送禮天分賺錢。她居住地區的商務人士對她說，他們希望送禮給客戶、員工與商業夥伴時，可以不要再送千篇一律的水果籃。所幸，佩姬的故鄉奧勒岡州有許多才華洋溢的藝匠，這成了她的獨特定位──只使用她找得到的最佳奧勒岡產品，再以富有特色的手製盒子包裝，並取個有趣迷人的名字。她把公司命名為「客悅」。

　　她在追隨自身熱情的過程中也不免遇到許多挑戰，但她靠著以模特兒為副業支應開銷，撐了下來（本書中許多微表情照片裡那位迷人的黑髮模特兒就是佩姬）。所幸，佩姬在二〇一四年春季獲得重大突破──TED×Portland幾位影響力龐大的人物拿到了客悅的禮盒。「講者對那些充滿愛與創意的客製化禮盒驚豔不已。」演說活動的執行製作人大衛‧雷伊表示。

　　消息從此傳了出去。現在，客悅的禮盒被送到全美各地的公司，包括職業美式足球隊達拉斯牛仔、推特、《時代》雜誌──大家都品嘗到了奧勒岡的風味。

　　佩姬是怎麼成功的？客悅提供精挑細選過的禮物，不會讓人覺得只是例行公事。「對我來說，送禮的重點在於表現感激，在於讓我們以比較簡單的方式表達對別人的賞識。我認為『賞識』是我們擁有的工具當中最強大的一項。」佩姬說。

　　客悅觸碰到了一項深層的人類需求：獲得他人真心賞識的渴望。

根據美國勞工部調查，人們離職的頭號理由是「覺得自己沒有受到賞識」。

——湯姆‧雷斯

賞識的心理學

我爸爸的生日是十一月四日，我在成長過程中，每年八月就會開始絞盡腦汁思索最棒的送禮點子。

有一年，我利用自己紡成的紗線為他織了一條領帶。另一年，我用火柴棒為他做了一個複製版的迷你辦公室，所有細節一應俱全。又一年，我送他一幅西瓜畫作（西瓜是他最喜歡的水果），是我用超過兩千片亮片一一黏貼而成的。還有一年，我送他一本禮券冊，裡面有超過三十張個人化禮券，兌換內容都是我知道他喜歡的東西，例如擁抱、星巴克咖啡館的拿鐵，還有湖人隊的比賽。

在他的生日晚宴上，我會把我準備的禮物放在爸爸面前，充滿期待地等著。他每年的反應都差不多：先小心翼翼地說一聲「哦」，然後戳一戳，拿起來，左右看看，然後說「我很喜歡」。不過，他說這句話的口氣卻像告訴小孩她的幻想朋友已經死了或聖誕樹長滿了蚜蟲。然後，幾個星期後，我精心創作的作品就會被放到閣樓去——我猜最後也會被偷偷丟進巷道裡的垃圾桶。

每一年，不管我多努力，我送的禮物都沒辦法讓我爸爸驚喜。後來，有一年秋天我得了接吻病。那年的十一月四日，我拖著我淋巴結腫大的蒼白病體走到沙發前，對爸爸說：「今年我唯一有力氣送你的生日禮物，就是陪你看星期日的美式足球賽，希望你不會失望。」

在接下來的四個小時裡，我們一面吃起司口味的椒鹽卷餅，一面聊著球隊的吉祥物。我終於懂了那些碼數是怎麼一回事。在當天的生日晚宴上，爸爸拍了拍我的背，說那是我送過他最好的一件生日禮物。

什麼？我看了幾場美式足球賽，吃了些垃圾食物——這怎麼可能比我專門為他挑選的香氛蠟燭組合更好？我在那天學到了一件事：每個人表現及感

受愛的方式都不一樣。

　　蓋瑞‧查普曼博士擔任婚姻與家庭治療師超過五十年，他在職業生涯中注意到夫妻向對方表現（或不表現）感情的模式。他發現，人通常會以五種不同的方式傳達愛──他稱之為「五種愛的語言」。如果你沒聽過，我來簡短介紹一下：

　　1. **肯定話語**：有這種愛的語言的人，會以口語或文字表達自己的關懷──包括情書、簡訊，以及在口頭上表達愛意。

　　2. **禮物**：有這種愛的語言的人，會以小禮物或象徵感謝的物品表達自己的關懷──例如珠寶、糖果或花束。

　　3. **身體接觸**：有這種愛的語言的人，會以身體的觸碰表達自己的關懷──包括摟抱、依偎、拍背，以及充滿愛的擁抱。

　　4. **服務舉動**：有這種愛的語言的人，會藉由為別人做事表達自己的關懷──例如為伴侶做晚餐、跑腿辦事，或者為他們製作物品（你應該可以從我爸爸的故事看出來，我就是屬於這個類型）。

　　5. **優質時光**：有這種愛的語言的人，會以自己的時間表達關懷。他們只想和自己關心的人共處。

　　查普曼博士指出，大多數情感關係問題都是因為我們說的愛之語不一樣引起的。舉例而言，妻子的愛的語言如果是肯定話語，那麼只要她丈夫對她說想念她，她就會開心不已。然而，她丈夫的愛的語言可能是身體接觸，所以他下班回家後不想說話，只想和妻子依偎在沙發上。妻子一旦把身體抽開，丈夫就會覺得受傷，而丈夫沒有問妻子當天過得如何，也不免刺痛她的心。隨著時間過去，這對夫妻的感情就會因此消磨殆盡。

　　查普曼博士與心理學家保羅‧懷特博士合作，把愛的語言應用在職場上，提出五種「賞識的語言」。

光說「謝謝」是不夠的

對於一個人擔負很難的案子的員工、忙著收拾子女造成的混亂卻沒有獲得感謝的母親，以及覺得自己總是必須負責招待工作的朋友而言，不受賞識的感覺會消磨他們的熱情。

在職場上，缺乏賞識尤其是個極有害的問題——而且這個問題經常被忽略。實際上，65% 的美國人表示自己去年在職場上並未受到賞識。

你如果問主管為什麼員工會離職，88% 都認為大多數的人員流動是為了錢。但實際上，只有 12% 的員工離職是因為財務考量，剩下的 88% 都是因為工作滿意度。

人為什麼會熱愛自己的工作？這個問題並不簡單，但美國人力資源管理協會認為，工作滿意度可歸結為員工認同與投入。然而，近來的一項蓋洛普調查發現，將近 70% 的美國員工表示自己在職場裡沒有獲得稱許或賞識。

一個人覺得自己沒有獲得應有的賞識時，就會：

- 生產力低落。
- 難以在團隊中與人合作。
- 缺乏動力。
- 覺得洩氣。
- 比較容易抱怨。
- 生活滿意度低落。
- 工作滿意度低落。

賞識對於快樂的人生、快樂的情感關係及快樂的職場都是必要元素，但這不是一件容易的事。如同查普曼博士發現的，每個人表達與感受賞識的方式都不一樣。

我在拍攝某套課程時，要求攝影棚內的觀眾寫一封情書給生命中一個重要的人，不過，我要他們以非慣用手寫這封信。短短幾分鐘裡，所有人都哀號著自己的手快要抽筋了，而且他們寫出來的字幾乎無法辨識。**要求一個人使用非先天的賞識語言，就像要求他以非慣用手寫字一樣——不但很難、表現草率，而且經常造成誤解。**

所以，你必須學會賞識的語言。

除了肉體生存外，人最大的需求乃是心理生存——被理解，被肯定，被認可，被賞識。

——史蒂芬‧柯維

行為密技 8：運用賞識語言

使用人格矩陣幾年後，我發現欠缺了某樣東西。破解他人的五大人格特質帶來的效果有其限度。我確實更能夠理解及預測別人的行為，隨意交談也變得比較容易，卻無助於情感連結中某些比較深層的部分。

當我發現查普曼博士與懷特博士的五種賞識語言時，覺得自己找到了答案。這個矩陣不是通往單一資訊的關鍵，比較像是一顆洋蔥。你對別人的了解每剝開一層，就能夠更進一步揭露他們的性情。

第一層我們先前已經談過，就是一個人在五大人格特質上的表現程度。第二層則是一個人表達及感受賞識的方式。

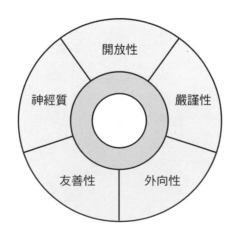

步驟 1：找出自己的賞識語言

查普曼博士發現，大多數人都擁有主要與次要賞識語言。在做正式測驗

之前，先想想你對以下這些問題的答案：

· 假設你最好的朋友剛在工作上獲得重大升遷，你會怎麼幫對方慶祝？
· 上一次有人對你表達關懷的程度令你訝異，是什麼時候的事？那個人為你做了什麼？
· 你擁有過最棒的一次生日慶祝活動、生日禮物或生日經驗是什麼？
· 哪件事是你希望你的伴侶多做一點的？哪件事是你希望對方少做一點的？
· 如果你有 1000 美元可以犒賞自己，你會把那筆錢拿來做什麼？

你有沒有注意到任何模式？由於我們的賞識語言不會變，因此經常會出現在我們所有的人際關係裡——不論對象是父母、同事、朋友或伴侶。

接著，就來做以查普曼博士的研究為基礎設計出來的測驗吧。請利用以下陳述句破解你的賞識語言。

在以下每一對陳述句裡，勾選最合乎你人際關係（伴侶、家人、朋友、同事）的那**一個**答案。

1. 我喜歡收到激勵性的短箋。＿＿＿
2. 我喜歡被擁抱。＿＿＿

3. 我喜歡花時間與好友一對一相處。＿＿＿
4. 朋友如果幫我的忙，會讓我覺得自己受到關懷。＿＿＿

5. 我喜歡別人送我禮物。＿＿＿
6. 讚美對我很重要。＿＿＿

7. 我在乎的人如果伸手環抱我，會讓我覺得受到賞識。＿＿＿
8. 和某人共同從事一項活動時，我就會覺得與對方很親近。＿＿＿

9. 同事如果對我的工作或專案伸出援手，會讓我覺得受到賞識。＿＿＿

10.別人如果在特殊的日子記得送我禮物，會讓我很感激。＿＿＿

答案：
肯定話語：1 與 6
身體接觸：2 與 7
優質時光：3 與 8
服務舉動：4 與 9
禮物：5 與 10
你的主要賞識語言是：＿＿＿＿＿＿＿＿＿＿＿＿＿＿＿＿＿
你的次要賞識語言是：＿＿＿＿＿＿＿＿＿＿＿＿＿＿＿＿＿

你可以把上述答案寫入你的人格矩陣。我喜歡把主要賞識語言寫在圓圈上方，次要賞識語言寫在下方。

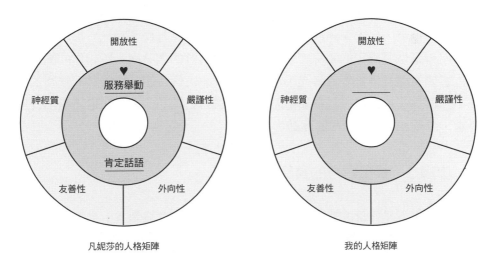

凡妮莎的人格矩陣　　　　　　　　　　我的人格矩陣

這項資訊可不能等閒視之，它對你的整體快樂程度有極大的影響。一旦知道自己的賞識語言，你就可以：

・**知道該提出什麼要求：**你的伴侶無法感應你的心思，你的上司、朋友或同事也是。了解自己的賞識語言可以讓你在需要支持時知道該提出什麼要

求。如果你的賞識語言是肯定話語，可以要求上司多提供口頭上的意見回饋，並在每週結尾安排追蹤會議；如果你的賞識語言是優質時光，你就知道遠距離戀愛或虛擬工作可能不適合你。請讓你生命中的人知道他們怎麼做最能讓你覺得受到賞識。

　　‧了解缺少了什麼：每當我在教導賞識語言時，大多數學生都會因此意識到自己和某人的爭吵是賞識語言差異造成的結果。舉例而言，我有個學生叫萊拉，她的主要賞識語言是服務舉動，所以總是招待她的朋友參加酒會、烹飪俱樂部及早午餐。萊拉覺得自己一直是努力維繫兩人友情的那一個，因而為這段友誼感到沮喪。但上過這門課之後，萊拉了解到她朋友的賞識語言是肯定話語，所以總是傳送長篇大論的感謝簡訊給她，對她說自己有多熱愛這些聚會。這種表達賞識的方法對萊拉而言雖然不是那麼有意義，但她現在已經知道該向朋友提出什麼要求，也懂得她的朋友為什麼會有那樣的表現。

　　當你把自己的賞識語言和人格矩陣搭配在一起，就會獲得加倍強大的洞見。舉例而言，你如果開放性低，主要賞識語言又是優質時光，那麼最好把你和同事每個月固定的咖啡約會安排在你最喜歡的咖啡廳；假如你的開放性高，主要賞識語言是優質時光，那麼你也許會每個月請同事嘗試一家新的咖啡廳。**當你了解自己，就會知道怎樣可以讓自己開心，也會知道該提出什麼要求，以及如何達成順暢的互動。**

步驟 2：找出對方的賞識語言

　　接下來就是好玩的部分了！我很愛猜測別人的賞識語言，這麼做可以幫助我了解怎麼逗他們開心，並判斷我們的關係會是什麼模樣。

　　如同人格矩陣，我偏好像這樣的直接做法：

　　‧當成談話開場白：「你有沒有聽過五種賞識語言？我在看一本介紹這種概念的書，所以想知道你有沒有聽過。」接著，你們就可以進行一場精采的談話，談論對方認為他自己用的是哪一種賞識語言。我很喜歡猜測朋友和同事的賞識語言，也讓他們猜我的。

如果你對採取直接做法感到不自在，也可以利用行為證據解譯別人的賞識語言。

從對方為你做的事找出賞識語言

想知道別人喜歡被如何對待，最簡單的方法就是觀察他們怎麼對待自己喜歡的人。

- 他們是不是喜歡到你辦公室找你，然後和你一起消磨時間？（優質時光）
- 他們是不是會在家裡各個地方留下許多小紙條給你？（肯定話語）
- 他們是不是會在聊天時觸碰你的手臂，而且比較喜歡擁抱而不是握手？（身體接觸）
- 他們在你生日時是不是會自告奮勇做你最喜歡的甜點，而不是訂購現成的商品？（服務舉動）
- 他們是不是會在旅行時買些紀念品回來給你？（禮物）

藉由問問題找出賞識語言

另一個解譯方法是詢問對方過往的回憶、最喜歡的故事，以及最近的經歷。以下是我最常使用的幾個問題：

- 「別人為你做過最貼心的一件事是什麼？」
- 「你怎麼慶祝自己的成功？」
- 「我很想為剛生了孩子的同事做點什麼。你覺得我們應該做什麼？」
- 「你在週末最喜歡做什麼事？」
- 「你收過最有趣的禮物是什麼？你送過最有趣的禮物又是什麼？」
- 「你最喜歡和朋友一起從事的活動是什麼？」
- 「在長大的過程中，你的父母都怎麼慶祝你的生日或你的成功？」

這些問題揭露的資訊可能出乎你意料之外。你如果問賞識語言不是禮物的人，他們送過最好的禮物是什麼，他們可能會提起自己為某人做過的事或

寫給某人的信。

不久前,我問某個朋友這個問題,結果他說他送過最好的禮物,就是寫下他奶奶的人生故事,做成一本手工書送給她。我立刻猜測他的主要與次要賞識語言分別是肯定話語和服務舉動。他很大方地同意我透過線上測驗確認我的猜測是否正確——果然沒錯。

解譯微表情

微表情在揭露賞識語言方面很有幫助。

・**憤怒**:收到錯誤形式的賞識,可能會令人覺得疲累,甚至惱火。例如,喜歡禮物的人可能會對一場為他舉辦的盛大辦公室派對感到失望。為什麼?因為他不想讓同事為了舉辦派對而增加負擔。同事如果送他一張禮物卡,或是他談論了好一陣子的滑雪板,必定能讓他開心得多。

・**快樂**:你如果真正討了一個人的歡心,可由對方發自內心的快樂微表情看出來——你可以藉此判斷對方是不是真的喜歡你的點子、禮物或讚美,或者你是否採用了適合對方的賞識語言。

・**不屑**:不屑表示對方無法領受你的賞識方式。例如,不喜歡身體接觸的人可能會在你伸手摟抱他們時露出淡淡的冷笑。

・**憎惡**:還記得嗎?當我們想要以有禮貌的方式表達自己不喜歡某樣事物時,就會露出憎惡的微表情。送別人一件他們不喜歡的禮物,或是提議一項他們不熱中的優質時光體驗,他們會在回答之前閃現憎惡的微表情。

認出這些微表情只是成功了一半——你的回應方式也同樣重要。你該如何利用賞識語言和對方取得共識?這就是第三步了。

步驟 3:從「我」轉變為「我們」

心理學家約翰・高特曼與羅伯・李文森為了找出情感關係中的快樂模式,訪談了許多對夫妻,詢問他們的個人經歷、爭吵及家庭生活。

這些訪談結束後,李文森博士回頭檢視訪談文字紀錄,看看每一對夫妻

偏好使用的代名詞有何不同。他發現，**比較常說「我」的夫妻，在情感關係中感受到的快樂與滿足感，低於比較常說「我們」的夫妻。**

高特曼博士把這種模式稱為「我們」相較於「我」的心態歧異。「『我們』程度高的夫妻會強調他們之間的良好溝通能力，也會強調患難與共，以及在人生中擁有相同的信念、價值觀與目標。」在另一個極端，較常說「我」的夫妻則是擁有自我導向的目標及長期理想，不意外的是，這些夫妻在婚姻中都比較不快樂。

高特曼與李文森雖然聚焦於伴侶之間的關係，但他們發現的原則其實適用於所有人際關係。在這一點上，賞識語言這項密技確實可以幫助你提升層次。當你懂得你生命中重要的人的賞識語言，就會轉變為「我們」的心態。你會開始思考你的需求如何被滿足，**以及**你該如何滿足對方的需求。

以下幾個點子能夠幫助你以不會讓人覺得刻意的細膩方式迎合不同的賞識語言。你認為你生命中某個人的主要賞識語言可能是哪一種，就在那種賞識語言處寫下對方的名字。

肯定話語

職場上：
- 撰寫電子郵件探問狀況。
- 提出正向的意見回饋報告。
- 每日或每週舉行會議以探問狀況。
- 主動提議寫推薦信。
- 公開讚賞。

感情上：
- 傳送支持性的簡訊。
- 留下表達愛意的紙條。
- 睡前和對方聊聊當天過得如何。
- 用餐時把手機收起來，以免被打擾。

範例人物： _____

禮物

職場上：

· 生日禮物。

· 節日禮物。

· 桌上的裝飾品。

· 謝禮。

· 禮籃或禮盒。

感情上：

· 生日／紀念日禮物。

· 花束。

· 旅遊紀念品。

· 代表「想你」的物品。

範例人物：_____

小提醒：節日是與擁有這種賞識語言的人好好慶祝一番的絕佳藉口。

服務舉動

職場上：

· 幫忙完成一項任務。

· 規畫派對。

· 組織或加入一項專案。

感情上：

· 為伴侶做的家事清單。

· 打掃家裡。

· 完成跑腿工作或雜務。

· 做菜，或者做糕點。

範例人物：_____

身體接觸

職場上：
· 握手。
· 拍拍手臂。
· 擊掌。

感情上：
· 牽手。
· 依偎。
· 求歡。
· 按摩。

範例人物：＿＿＿＿＿＿＿＿＿＿

優質時光

職場上：
· 共進午餐或一起喝飲料。
· 早到或晚退。
· 每週探問狀況的時間。

感情上：
· 安排一段沒有手機干擾的時間。
· 每週約會。
· 出外旅遊。
· 一起搭車。

範例人物：＿＿＿＿＿＿＿＿＿＿

　　關於職場上的身體接觸，我要特別提醒一件事：請謹慎爲之。
　　從非口語的觀點來看，身體接觸是建立融洽關係的絕佳方法，但你必須確認自己沒有逾越適當界線。有個基本原則是：**手臂愈上方的接觸愈顯親密**。頭部和軀幹更被視爲親密區域。

手部的接觸最不親密，握手就是一個例子。

臉部絕不能碰。

手臂愈上方的接觸愈親密。

軀幹絕不能碰。

第一區接觸
　‧握手。
　‧碰拳。
　‧擊掌。

第二區接觸
　‧拍手背。
　‧碰觸前臂。
　‧碰觸肩膀。

第三區接觸

· 擁抱。

· 拍背。

· 手臂搭肩。

請記住，在身體接觸方面一定要遵守你所處職場的禮儀。如果不確定自己的身體接觸是不是受到對方歡迎，就在觸碰區域的逐步進展中注意觀察對方的微表情。例如，先握手，看看對方是否發出眞誠的微笑；下次你們再見面，除了握手，也碰觸對方的肩膀——對方還是繼續微笑嗎？有沒有發現不屑或憤怒的微表情？最後，若你覺得自在，對方也沒有出現負面的臉部動作，就可以嘗試擁抱。

額外訣竅：不要讓人覺得無趣

「嘿！我去尼加拉瓜大瀑布玩，買了一枝筆要送你。我們應該找個時間聚一聚。」「親愛的，我洗完衣服了。」

這些都很好，但也很無趣，完全在預料之中。在「行爲密技3：談話火花」裡，我提到要跳脫一般的做法，藉由出乎意料的舉動促使大腦分泌多巴胺。我希望你也可以爲賞識語言這項密技採取同樣的做法。

· 針對主要賞識語言是禮物的人，不要送一般的禮物，而是要送對他們個人有意義的東西。

· 不要邀請喜愛優質時光的人從事乏味的活動。找他們喝咖啡就不必了——邀請他們出外踏青，或是到烤起司三明治店逛逛吧。我的朋友史蒂芬是個三鐵運動員，他總是找人出外散步或跑步，而不是像一般人那樣約吃飯。

· 你的伴侶或朋友喜愛身體接觸嗎？去學按摩或腳底按摩吧。

· 寫感謝函很簡單，但你可以爲你的感謝函增添一點趣味嗎？在《辦公室瘋雲》這部影集裡，吉姆·哈柏特在神祕聖誕老人活動中抽到了大

家都知道他暗戀的人——潘·碧絲蕾。他把他們最喜歡的回憶，以及只有他們兩人才懂的笑話寫下來，放進一個茶壺裡。幹得好！

．我有個喜愛服務舉動的朋友，總是把自己操得太累。於是，我寄了搞笑影片讓她在午餐時間看，並且在 Spotify 為她建立專屬歌單，讓她開車時聆聽。上次她生病時，我則利用我的特殊綜合果菜汁、止咳藥片及雞湯麵，為她製作了一個小小的關懷包裹。

賞識語言挑戰

如何以更好的方式對你生命中重要的人表達賞識之意？請填寫以下表格：

	主要賞識語言	次要賞識語言	你多做些什麼會令他們感到開心？
你想拉近關係的人			
你最好的朋友			
你的伴侶（或前伴侶）			
你的上司（或前上司）			
你的同事			
你的父母			

這項挑戰有個額外的好處，就是提出任何關係中最強而有力的一個問題：

哪個方法可以讓我對你展現更多賞識之意？

這是佩姬每天絞盡腦汁思索的問題。她在製作客悅禮盒及手寫感謝短箋（以便迎合喜愛肯定話語的人）時，會回想兒時令她興奮不已的一些禮物。她爸爸出差回家後，都會帶些古怪的禮物給她和她的五個兄弟姊妹，例如一場被取消的迪士尼表演推出的特大號 T 恤。「什麼東西都不重要，我們只要拿到禮物就很開心了。」佩姬對我說。

　　現在，長大成人的她認爲送禮背後有更宏大的意義：「我希望每個禮盒都能讓人感覺到世界上有人眞心關懷他們，不論出於什麼原因。送禮的重點在於賞識，而賞識就是我們建立眞正連結的方法。」

給自己的挑戰

1. 把賞識語言挑戰表格裡的每個空格都塡滿。
2. 爲你生命中的三個人做三件向對方表達賞識之意的事。
3. 根據你自己的賞識語言，向你生命中重要的人要求更多**你**需要的事物。

重點回顧

　　賞識是對人生與工作感到滿足的關鍵。我們可以利用五種賞識語言加深連結。明白自己的需求，了解周遭人的需求，並找出方法向他們表示你的關懷之意。

- 了解並勇於主張自己的主要與次要賞識語言。
- 利用人格矩陣的第二層解譯他人的賞識語言。
- 針對你生命中重要的人，要重視並採用他們的賞識語言。

我在本章得到最大的收穫是：

_____

Chapter 9

主要價值觀
如何和人融洽相處

鮑伊德・瓦提和家人開設了隆多洛茲這座位於南非的頂級野生動物遊賞營區，一再被選為世界百大飯店之一。他的顧客都抱持極高的期待。有些人預期能夠在非洲的野生灌木林裡享有極致奢華，有些人想要見識隆多洛茲可以讓遊客看到的各種野生生物。瓦提面對的挑戰就是要了解顧客對完美假期的想法，並以毫不突兀的方式滿足他們的需求。唯一的問題是，隆多洛茲位於南非最危險也最不宜人居的一座私人野生動物保護區內。

「我也發現人擁有的恐懼症比你想像得到的還要多 —— 水牛、蠕蟲、羽毛、蜘蛛、昆蟲、噪音、頭骨、牙齒、糞便，統統都有人怕，而這些東西都是在野生動物觀賞之旅中很有可能會遇到的。」瓦提在他的著作《荒野大教堂》中如此寫道。

瓦提告訴我，有一名顧客讓他必須使出渾身解數。馬丁是一位英國老紳士，曾經到世界各地參加過十幾次野生動物遊賞活動。他對瓦提說，他把最好的留在最後，而這會是他最後一次參加這樣的活動。瓦提想要達成這位野生動物迷的期望，於是決定親自主持馬丁的導覽之旅，以確保一切按照計畫進行。不幸的是，瓦提和馬丁卻遭遇了一場不愉快的意外。

在他們搭乘敞篷越野車出外遊賞的第二天，瓦提發現豹的足跡。他下車徒步察看，為了安全起見，讓馬丁留在車上等他。馬丁在車上沒待多久，突然有一頭大公象從灌木叢裡走了出來，好奇地檢查這輛車 —— 以及車上的馬丁。

馬丁希望讓那頭大象覺得無聊而離開，於是盡可能不動，也不發出任何聲音。然而，車上的雙向無線電卻突然響起園區內其他駕駛的通話聲，讓那頭大象吃了一驚，變得躁動不安。不久之後，大象開始用象鼻敲打車子的引

擎蓋，並且噴灑沙土。

　　大象終於離開了，但瓦提回來後，發現馬丁臉色灰白，驚嚇不已，並且因為自己竟然必須獨自面對那頭和房子一樣大的厚皮動物而火冒三丈。馬丁大吼道：「我對你非常生氣！帶我回營區！」

　　接下來的兩天裡，馬丁完全拒絕和瓦提說話，但還是堅持要完成最後幾趟遊賞行程。「我在接下來那兩天竭盡全力討回他的歡心，但他根本不理我。」瓦提說。

　　然後，瓦提想到了一個點子。馬丁認為自己是冒險家，那麼，瓦提如果可以把他的經歷重新詮釋為一項冒險壯舉呢？瓦提動用一些人情，請營區裡的所有女士向馬丁致上恭賀之意，稱讚他非常勇敢，可以獨自面對那頭大公象。結果這招奏效了！

　　「馬丁立刻覺得自己是眾人矚目的主角，甚至只要有人路過酒吧，他就會向對方講述這個故事。等到他離開隆多洛茲時，他已經覺得自己像非洲之王了。」瓦提說。馬丁在旅程結束之際告訴瓦提，遇到那頭大象會是他最美好的回憶。

　　瓦提的妙招在於利用了馬丁的理想。我把這種做法稱為**找出對方的主要價值觀**。

價值交易的科學

　　在非洲，我得知動物會取捨自己的生存所需。人類也是如此。

　　社會心理學家佛亞博士發現了人際關係的資源理論。他主張，**所有的互動實際上都是交易**。人之所以互相合作，純粹是為了獲取或給予資源。「資源的定義，就是能夠由一個人傳遞給另一個人的東西。」

　　請注意，我在這裡提到「交易」，並非暗示所有密切關係實際上都是冷酷的生意往來。許多交易的目標都在於找到可以真正充實我們的人，以及建立互利互惠的關係。

　　資源除了金錢與食物這類實體物質之外，也包括情感資源，例如愛、建議及地位。身為人的我們，必須同時擁有這兩種資源才能生存茁壯。佛亞和

他的研究團隊指出，每個人都有源自童年的六層需求，這些需求如果獲得滿足，我們就能夠長大、獨立，並在所處的環境與人際關係中擁有安全感：

資源	意義	給予	獲取
愛	感情、接納，以及受人喜愛。		
服務	支持、照顧，以及提供撫慰的熱情。		
地位	責任、讚賞，以及激發自豪的頭銜。		
金錢	硬幣、紙幣，或是其他被賦予價值的代幣。		
商品	實體產品、物品或材料。		
資訊	建議、觀念、意見與教導。		

在上表的「給予」欄位裡，勾選你認為你經常給予的資源；在「獲取」欄位裡，勾選你認為你經常獲取的資源。

人在互動中，都會給予或獲取這些資源。舉例而言，我們可能會為了向一個朋友尋求建議而請對方吃午餐（給予金錢而獲取資訊）；或者，我們也可能在同事幫助我們及時完成一項專案後讚許對方（給予地位而獲取服務）。

這六種資源我們都需要，但通常會獲取自己比較需要的資源，而給予自己已經豐足無缺的。看看你勾選的結果，你是不是也這樣？

有時候，尤其是愛、服務與資訊這類非實體資源，我們會給予自己最想要的。我們也許渴求愛，於是對身邊的所有人付出愛——就算對方不值得我們愛也一樣。或者，我們可能渴求資訊，於是不斷散播八卦，希望別人也會因此告訴我們更多小道消息。你覺得自己是不是也如此？

這種資源交易是每段人際關係的核心動力，而在此發生的誤解，可能導致不必要的關係緊張，甚至是關係破裂。以下是造成這種現象的原因：

・**權力：**佛亞主張，權力可視為你能給予他人的資源數量。擁有許多金錢無疑是一項權力元素，但擁有許多愛可以給予他人也是一項權力元素。

・**需求：**我們可以利用資源理論，更充分地滿足別人的需求。舉例而言，你如果需要激勵一名同事，最好先想想對方重視的是資訊（學習、運用新的工作技能，甚至是內線消息），還是地位（受到尊重、崇高的頭銜、同儕的

敬重），或者只是想要金錢（更高的薪水、紅利、財務誘因）。

・**安全感**：一段關係中的資源交易如果持續處於不平等狀態，這段關係就會變得難以維繫，焦慮、內疚與厭惡等感受會逐漸冒出來。一段情感關係裡的一方如果持續給予比較多的愛，而開始感到不滿，我們就知道這段感情注定失敗；另一方面，一再獲取的那方也可能會被對方太多的付出壓得透不過氣。此外，職場上的緊張關係也能透過這種方式理解：工廠的領班如果給予下屬金錢資源，就會預期下屬生產更多商品作為回報。上司給的錢如果不夠，下屬就會生氣；下屬的產量如果不足，領班就會發火。

不論是私人生活或職場，我們都必須在人際關係中建立平衡。不過，他人的資源需求可能不一定和你預期的相同。

價值存乎一心

有一天，一個男人帶著他的八歲女兒走在街上。他們轉過街角，看見一個小男孩坐在一個大籐籃旁邊，拿著一塊牌子，上面寫著：「狗狗求售。」

那個男人還來不及阻止女兒，她就跑到籃子前，把一隻小狗緊抱在胸口。「老天，這下麻煩大了。」他心想。

他轉向那個男孩。「小朋友，這隻小狗多少錢？」

「先生，這隻小狗是全世界最好、最可愛的小狗。牠要賣 1000 美元。」小男孩答道。

「1000 美元！」那個男人驚呼一聲，「太誇張了！你講理一點，給我一個比較好的價錢，我就買下這隻小狗。」

「先生，對不起，這隻小狗是全世界最好的。牠的價錢就是 1000 美元。」男孩說。

那個男人又和男孩討價還價了二十分鐘，可是對方完全不讓步。這時，男人的女兒已經哭得歇斯底里，於是他認定女兒如果不在身邊，講起價來就比較不會礙手礙腳。

第二天，那個男人獨自前來，發現男孩依舊坐在籐籃旁，那隻小狗還是

趴在籃子裡睡覺。男人說：「嘿嘿，看來沒有人願意花 1000 美元買那隻狗。你已經考慮一天了，要不要給我一個比較好的價錢？」

「先生，不行，這隻小狗還是要賣 1000 美元，因為牠是全世界最好的小狗。」男孩說。

又講價了十分鐘之後，那個男人空手離開了。幾個星期後，男人看見那個男孩在附近的遊樂場和朋友打籃球，便呼喚道：「喂，小朋友！你那隻狗賣掉了嗎？」

男孩小跑步過來。「當然賣掉啦！」他說。

男人很驚訝。「真的嗎？你賣了 1000 美元？」

「是啊！」男孩答道，「一個女孩用兩隻 500 美元的小貓和我換。」

這則寓言說明了，**價值存乎一心**。

我們往往從金錢價值的角度看待珍貴資產，不過，世界上還有其他比較主觀的貨幣。在那個小男孩眼中，兩隻價值 500 美元的小貓比十張 100 美元的鈔票更有價值。所以，我才會提出這項簡單又合乎直覺的行為密技：當你知道驅動對方的動力是什麼，互動就會變得容易許多。

每個人都會特別注重那六種資源的其中一種，我稱之為「主要價值觀」，而這也是人格矩陣的最後一個層次。

行為密技 9 **主要 價值觀**	一個人的決定、行為與渴望背後的潛在動機。

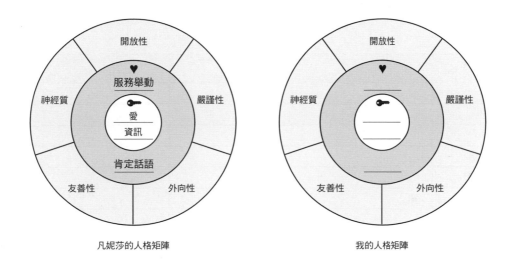

凡妮莎的人格矩陣　　　　　　　　　　　　　我的人格矩陣

第一層次：對方在五大人格特質的表現程度高或低？
第二層次：對方使用的是五種賞識語言的哪一種？
第三層次：驅動對方的是哪一種主要價值觀語言？

　　你一旦能夠回答這三個問題，即「解開」了對方的密碼。我針對我生命中的每個人都建構了這樣的人格矩陣，而他們大多數人也有我的人格矩陣。**這些人格矩陣就像人際關係的重點解析，可以針對一個人提供一幅精確的快照，以引導你與對方的互動。**
　　現在就來學習破解最後這個層次吧。

尋找主要價值觀

　　幾年前，我做過一項實驗，叫「尷尬的五十道陰影」。我希望找出我們的社交互動為什麼會出現尷尬的現象，而這種現象又是如何造成、在什麼地方造成。
　　做法很簡單。我們找了一百名受試者──五十名男性，五十名女性，來自全美各地，而且各個年齡層都有──請他們撰寫「社交日記」。在七天裡，

受試者在下面這份簡單表格中針對自己的社交互動寫下簡短摘要：

場合	＋ ＝ －	描述

　　我們要求受試者必須現場撰寫這些日記，所以表格裡的空間只夠記錄必要資訊。在第一欄，受試者先簡短描述他們所在的場合。我們想要知道是浪漫場合、職業場合、家庭場合或社交場合。第二欄只須填入一個符號：

「＋」代表整體經驗很愉快。
「＝」代表還好。
「－」代表整體經驗是負面的。

　　最後一欄「描述」則是記錄他們在互動中產生的感受。受試者也許會寫：「很開心！認識了許多人。」或「超尷尬，一個人都不認識。」

　　七天的實驗期結束後，我們的研究人員為這些日記編碼，以便從中找出模式。我們要找的是每一種場合之後的句法變化、重複感受及使用的詞語。接著，我們再把這些日記拿來和每位受試者的五大人格特質比較。

　　根據這些日記，我們很容易就能預測受試者的外向性、友善性、嚴謹性與神經質程度。開放性是唯一比較難察覺的特質。不過，這項實驗最有趣的部分，是發現了受試者的主要價值觀。

　　做這項實驗之前，我的矩陣只有兩個層次——人格特質與賞識語言。這項研究加上了最後一個層次。我們注意到，每個人的日記都聚焦於一種資源，不是埋怨那種資源的欠缺，就是盛讚那種資源的存在。受試者彷彿在每場社交互動都尋求著從中獲得某樣事物。如果得到了，那就是一場正面的互動；

若沒有得到，就是負面互動。

　　舉例而言，以下是其中一名受試者的部分日記內容。姑且將此人稱為 57 號受試者：

場合	＋ ＝ －	描述
與同事的咖啡會議	＋	笑得嘴痠。她真是逗趣！
第一次約會	－	真是無聊！他好乏味，和他說話實在很痛苦。
領導力工作坊	＝	團隊活動還算有趣，但不確定他們提供的那些訣竅有多少用處。

　　你猜得出 57 號受試者的主要價值觀嗎？這個人在這些互動中尋求的是什麼？

　　57 號受試者的主要價值觀是「資訊」，她想要從互動中獲得娛樂、教導及資訊。

　　每個人對各種資源都有一定程度的需求，但通常會有一項主要選擇。**我們所有人都有一項自己極度重視的需求，想要在互動中獲得滿足。**

步驟 1：找出自己的主要價值觀

　　你玩過《超級瑪利歐兄弟》這個電玩嗎？在這項遊戲裡，瑪利歐在蘑菇王國又跑又飛又跳，以便從敵人庫巴手中救出碧琪公主。瑪利歐必須在每個關卡收集金幣、特殊磚塊及稀有物品。金幣可以讓他更富有，紅色與黃色的超級蘑菇可以讓他變大，有些神祕磚塊可以賦予他特殊能力，火球則能幫助他對付蘑菇與烏龜等敵人。

　　想像一下，如果你是瑪利歐，那麼你在人生中會想要多收集什麼？你想要變得更有錢？變得更大？變得所向無敵？而且，最重要的問題是：你知道是什麼在驅動著你嗎？

　　‧填補欠缺的需求：佛亞和他的團隊認為，我們經常想要從別人身上找到自己在人生初期被剝奪的事物。舉例而言，一個人如果成長在缺乏愛的家

庭裡，長大後可能就會在朋友與同事身上尋求愛、認同與歸屬感。這個人可能會因為迫切想要獲得別人的喜愛而成為好好先生。或者，一個人如果成長在缺錢的環境裡，那麼他後來就算賺的錢已經綽綽有餘，還是可能會收集各種優惠券，並且在舊貨拍賣中為了幾塊錢跟人討價還價。資源匱乏的回憶若深植於腦海中，人就很難感到滿足。

　　‧找出自己欠缺的事物：我們通常也會尋求無法提供給自己的東西。一個人如果自尊心低落，就比較可能會向他人尋求地位資源。我們身邊都有那種不斷在社群媒體上發布自拍照的人，這些人需要別人按讚、留言及分享，才會對自己感到滿意。

　　‧給自己目標：西北大學的心理學教授麥亞當研究了人的自我敘說——也就是我們告訴自己的那些關於我們自己的故事。他發現，人如果知道自己重視什麼，即可為人生與工作賦予目的。囤積成性的人可能會告訴自己，要過著有保障的成年人生活，就必須在家中堆滿各種商品；護士可能會告訴自己，照顧別人是他們提供服務這項個人使命的一部分。

　　解析及辨識價值觀很難，這趟旅程可能必須花上好幾年。此處的練習有助於你開始思考驅使你的價值觀是什麼。閱讀下面表格裡的陳述，然後為每一句話評分。

　　0＝這句話對我完全不適用。
　　1＝這句話有點適用於我。
　　2＝這句話非常適用於我。

資源	意義	合計
愛	＿＿對我而言，被別人接納是很重要的事。 ＿＿對我而言，被別人喜歡是很重要的事。 ＿＿對我而言，擁有歸屬感是很重要的事。	

服務	＿＿＿對我而言，感受到我生命中的人支持我是很重要的事。 ＿＿＿別人如果幫助我，會讓我覺得自己很特別。 ＿＿＿對我而言，感覺被別人關心是很重要的事。	
地位	＿＿＿別人如果稱讚我，我就會覺得很開心。 ＿＿＿我喜歡當家作主。 ＿＿＿對我而言，感覺自己受到別人尊重是很重要的事。	
金錢	＿＿＿對我而言，財務狀況穩定是很重要的事。 ＿＿＿我工作主要是為了錢。 ＿＿＿我認為人必須有錢才會真正快樂。	
商品	＿＿＿我喜歡收集物品。 ＿＿＿我經常買禮物送人。 ＿＿＿我家裡有許多物品都具有情感意義。	
資訊	＿＿＿我喜歡知道內情。 ＿＿＿我喜歡提供建議。 ＿＿＿我喜歡教導與學習。	

　　把每個部分的分數加起來，寫在最右側的合計欄。哪一部分的總分最高？這可能就是你的主要（或者也許是次要）價值觀。

　　接下來的練習則是要讓你知道自己在人生的各個不同領域——社交、工作及感情——是否各自擁有不同的主要價值觀。閱讀以下問題，然後寫下你第一個想到的答案。這是個自由作答的練習，目的在讓你了解自己的價值觀，所以答案沒有對錯之分。

工作領域的主要價值觀：

　　・在工作上，什麼會讓你覺得自己做的事情是有意義的？

　　・你希望從工作中得到什麼？

　　・在工作日，最能讓你覺得自己有價值的事情是？

你在工作領域的主要價值觀可能是：＿＿＿＿＿＿＿＿＿＿＿＿＿＿

社交領域的主要價值觀：
　·你最喜歡和好友相處的原因是什麼？
　·你會為你的社交互動添加什麼元素，以獲得更愉快的體驗？
　·你和好友在一起時，最能讓你覺得滿足的事情是？

你在社交領域的主要價值觀可能是：＿＿＿＿＿＿＿＿＿＿＿＿＿＿

感情領域的主要價值觀：
　·如果你必須描述你的情感關係中最好的部分，會是哪一部分？
　·你的伴侶能夠送你最好的禮物是什麼？（不論是物質上的禮物，或是
　　對方可以告訴你或為你做的事。）
　·你和伴侶在一起時，最能讓你覺得自己有價值的事情是：

你在感情領域的主要價值觀可能是：＿＿＿＿＿＿＿＿＿＿＿＿＿＿

　　我在工作領域的主要價值觀是資訊。我總是不斷在教導，也不斷在閱讀我找得到的每一本書、每個部落格及每一份研究。我在社交與感情領域的主要價值觀則是愛。我在成長過程中沒有覺得非常受到別人的喜愛與接納，在學校裡也從來沒有一群好朋友；長大成人後，我卻非常幸運，終於找到一個極為支持我的伴侶，以及一群關懷我的朋友。不過，我還是不斷在這群重要的人身上嘗試給予及取得愛。
　　你可以把你的答案寫在你已經完成的人格矩陣中央，外圍環繞著你的人格特質及賞識語言。

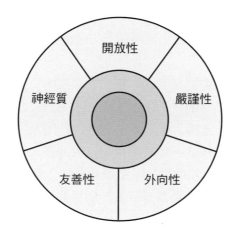

你的主要價值觀就該位於人格矩陣中心，因爲了解自己的價值觀，是你可以用來了解自己和你身邊的人最強而有力的一件事。爲什麼？因爲，**知道自己的主要價值觀，是通往滿足的關鍵。**

想知道你爲什麼消沉沮喪嗎？因爲你的主要價值觀沒有獲得滿足。想知道你的一段感情爲什麼不順利嗎？有可能是因爲你們兩人的價值觀不一致。想了解你爲什麼做出一個糟糕的選擇嗎？因爲你的主要價值觀正驅使你往不同的方向走。

我的許多學生都說，解譯自己的人格矩陣，就和學習解譯別人的人格矩陣一樣有用。**我們是什麼樣的人、我們做出的選擇，以及驅動我們的力量，核心都是我們的主要價值觀。**

步驟 2：找出對方的主要價值觀

我要告訴你一個人類行爲的眞理：大多數人的選擇在他們眼中都是合理的。若你覺得那些選擇看起來不合理，通常是因爲你的主要價值觀和對方不同。

知道自己和生命中那些重要的人在主要價值觀上有何差異，有助於解釋：

1. 爲什麼有些人會把你逼瘋。

2. 人際關係裡大部分的誤解。

3. 你關心的人為什麼會做出無可預測的選擇與行為。

　　你需要在工作上激勵同仁嗎？利用他們重視的事物。你需要了解伴侶令你困惑不解的選擇嗎？弄清楚那項選擇如何滿足對方的價值需求。想知道驅使一個人早上起床的動力嗎？解譯那個人的主要價值觀。

　　想擁有高超的社交技能，就必須透過別人的眼光看世界。**要投合某人的心意，就要聚焦於對方重視的事物，而不是你自己重視的。**

　　要事先提醒的是，我認為揭露別人的價值觀語言是人格矩陣裡最困難的一個層次。我利用三種策略：

　　1. 埋怨和誇耀：你身邊有沒有人埋怨自己的薪資不夠高？（金錢）埋怨自己的成就沒有受到肯定？（地位）埋怨自己的車子不夠好？（商品）或者，誇耀自己如何細心照顧生病的父母？（服務）誇耀新來的上司多喜歡他？（愛）誇耀他多麼了解新的合作企業？（資訊）我們通常會因為取得自己的主要資源而自豪，也會因為得到的不夠而懊惱。這些反應會以吹噓、牢騷及誇耀表現出來。

　　2. 非口語線索：肢體語言也能讓你知道自己是善用或拒絕了別人的主要價值觀。想想電玩裡的瑪利歐，他只要得到火焰花或超級蘑菇，就會跳上空中、身體變大或跑得更快；可是，如果撞到烏龜或蘑菇，他就會縮小或失去一條命。真實生活也是如此。一個人的主要價值觀要是獲得滿足，就會開心不已！你可以在對方身上觀察到快樂的微表情、傾身、點頭，以及贏家的肢體語言；而一個人的主要價值觀如果沒有獲得滿足，就會表現出憎惡、憤怒、不屑，或是挫敗的肢體語言。

　　3. 行為線索：一旦開始注意觀察，別人的行為就能讓你了解他們想要滿足的需求。以下是這種現象在職場上可能呈現的模樣：

　　・同事 A 總是晚退以討好上司。你看得出 A 不斷在尋求上司的稱許或賦予他更多責任。A 的主要價值觀可能是地位。

　　・同事 B 每天一到下午五點立刻下班，但總是會在加薪檢討前及時完成自己的專案，也始終是第一個詢問年終獎金的人。B 的主要價值觀可

能是金錢。

· 同事 C 在辦公室裡八面玲瓏，不但和每個同事交好，也常在別人的辦公桌上留下鼓勵的紙條。C 的主要價值觀可能是愛。

· 同事 D 總是記得別人的生日，熱愛籌備辦公室派對，也總是負責組織公司裡的壘球隊。D 的主要價值觀可能是服務。

· 同事 E 滿心想要邊間辦公室及停車場內最好的停車位，且熱愛各種公司福利，出外度假也從來不會忘記買紀念品送給大家。E 的主要價值觀可能是商品。

· 同事 F 喜歡在辦公室嚼舌根，所以總是知道內幕消息。他也和所有合作夥伴去打高爾夫球。F 的主要價值觀可能是資訊。

4. **擔憂：**什麼事物會讓某人晚上睡不著？他對什麼事物深感壓力？這也能讓你推測出對方的主要價值觀。你是不是有個朋友總是在感嘆，說他覺得自己在狀況外？他的主要價值觀可能是資訊。你是不是有個同事會因為別人的頭銜而激動不已，且總是在擔心誰會得到下一個晉升機會？他的主要價值觀可能是地位。

· 聆聽別人對哪一類事物感到擔憂。

· 問他們在擔心什麼，或者他們人生中最大的憂慮是什麼。

· 看看對方的憂慮符合哪一項主要價值觀。

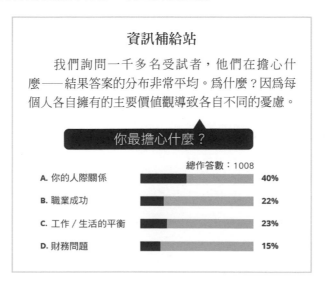

資訊補給站

　　我們詢問一千多名受試者，他們在擔心什麼——結果答案的分布非常平均。為什麼？因為每個人各自擁有的主要價值觀導致各自不同的憂慮。

你最擔心什麼？

總作答數：1008

A. 你的人際關係　40%

B. 職業成功　22%

C. 工作／生活的平衡　23%

D. 財務問題　15%

一開始可能不容易發現，但分析一個人的過往行為可以讓你對他的主要價值觀做出方向正確的猜測。

要特別提醒的是，我喜歡直接詢問，但主要價值觀很難坦誠談論。大多數被金錢驅動的人都羞於承認這一點——儘管這是一種正當且必要的資源。另外有些人則是羞於承認自己需要受到別人喜愛或需要討好別人。必須注意的是，一個人針對自己的價值觀語言提出的說法，可能不符合他實際上的行為。

步驟 3：滿足雙方的主要價值觀

若你認為自己知道了某人的主要價值觀語言，該拿這項資訊怎麼辦？

首先，你可以比較準確地預測對方未來的行為與選擇。如果想確認一個同事在某項新專案上會不會有好的表現，或者某人是不是合適的伴侶，這項資訊非常有用。

第二，你可以利用這項資訊激勵你生命中重要的人。想要鼓勵孩子做更多家事？給他們更多零用錢也許不是最好的選項。想要讓上司對你留下良好印象？請支持上司而不是你自己的主要價值觀，做出**對方會喜歡的行為**。想激勵隊友做得更好？多給予他們重視的事物，少拿取對他們而言最重要的東西。

最後，你可以採用一項主要價值觀，以幫助他人覺得自己有價值。我認為我們能夠送給別人最大的禮物，就是滿足他們的資源需求。我如果可以迎合別人的主要價值觀，就會盡量這麼做。

以下就來解析每一項主要價值觀，並說明它如何用來讓人覺得自己有價值。「範例人物」就是你認為你身邊可能擁有那項主要價值觀的人。

主要價值觀：愛

對方在以下情形中會覺得自己有價值：
- 感覺自己被接納。
- 感覺自己受到喜愛。
- 獲得別人的賞識。

範例人物：＿＿＿＿＿＿＿＿＿

主要價值觀：服務

對方在以下情形中會覺得自己有價值：

・不必開口求助就有人幫忙。

・別人協助他完成工作或雜務。

・別人幫了他一個忙。

範例人物：＿＿＿＿＿＿＿＿＿

主要價值觀：地位

對方在以下情形中會覺得自己有價值：

・被稱讚。

・被授予權力或功勞。

・成就受到肯定。

範例人物：＿＿＿＿＿＿＿＿＿

主要價值觀：金錢

對方在以下情形中會覺得自己有價值：

・銀行帳戶「飽滿」。

・買得起自己想要的東西。

・正在賺錢。

範例人物：＿＿＿＿＿＿＿＿＿

主要價值觀：商品

對方在以下情形中會覺得自己有價值：

‧擁有一個舒適的家或辦公室。

‧擁有許多資產。

‧身邊圍繞著過往人生的紀念品或各式物品。

範例人物：_____

主要價值觀：資訊

對方在以下情形中會覺得自己有價值：

‧知曉內情。

‧是第一個被告知資訊的對象。

‧被要求提供意見。

範例人物：_____

想運用主要價值觀的力量，最好的方法就是立刻給予適當資源。例如，我的朋友約翰‧波尤斯頓曾經競選奧勒岡州的眾議院議員，他當時請我們共同的朋友馬修‧史考特擔任選戰總召集人。

約翰需要馬修的協助，但也希望他們的互動能夠達到雙贏。我直覺認為約翰在工作領域的主要價值觀是服務，他需要有人幫忙協調他的選戰活動——連絡贊助者、製作傳單、敲門拜訪、接電話。

在找上馬修之前，約翰必須先知道馬修的主要價值觀。馬修的主要價值觀會不會是金錢——他會不會想要領時薪？還是地位？馬修會不會想要在他的網站及選戰宣傳品上掛名？或是資訊？馬修會不會想要一窺政治的幕後運作？和我們這個圈子裡的幾個朋友談過之後，約翰發現馬修一直想要獲得主持一場競選活動的經驗。約翰猜想，馬修的主要價值觀是資訊，於是透過以下這封電子郵件向他表達招募之意（為了縮減長度而稍經修改）：

嗨，馬修：

聽說你想要更深地涉入政治，甚至在競選活動中幫忙，是嗎？

如果真是這樣，那麼我想你應該非常適合我目前正在做的一項計畫。今年春天，我打算競選眾議院第二十六選區的眾議員。競選過程中，我需要一個優秀的競選團隊。我已經找到一群專業顧問、募款人員、一名資料管理員，還有法遵與會計人員。不過，我真正需要的是一個能夠擔任選民連繫主任與志工主管的人。

這不只是基層的志工職位，而且我認為這個機會可以讓你進入競選活動的幕後，真正看見選戰的運作方式，同時也得以做決策、發揮創意，從事裝信封以外的工作（當然，我們偶爾還是得幫忙做點這類雜務）。

我可以帶領你執行這項職務，而且我們正在籌組的傑出團隊也會協助你。所以，你會獲得充分的奧援，但在確保我們的訊息確實傳達給選民這方面，我需要一個可以在這場選戰中扮演發動機角色的人。

在籌組競選團隊的過程裡，你是我在這項職務上第一個想到的人選，而且我認為你一定可以勝任。

約翰

馬修收到這封電子郵件後欣喜不已，這正是他一直想要的機會。他隨即回信：

我非常願意幫忙，不論以什麼方法或形式都可以。這聽起來的確像我會非常感興趣的事。我相信我週末和晚上都很有空，只有偶爾會去參加商展，所以這些時間很適合我。真是感謝你提供我這項職務，我很願意幫忙。你什麼時候方便和我見面，以便討論所有細節？再次感謝！

　　請注意，**馬修是在感謝約翰請他從事免費工作**。乍看之下，這未免違反直覺，但如果你知道馬修的主要價值觀是資訊，這一切就顯得合理了。馬修想要更了解選戰的運作，因此樂於為了獲得一窺幕後的機會而加入競選團隊。這封電子郵件開啓了一段強而有力的工作關係，因為這兩人的主要價值觀都被滿足了。

　　要特別提醒的是，我有些學生發現偶爾必須加上情境價值，因為人的主要價值觀有時在特定情境裡會有所不同。舉例而言，你也許知道某個同事的主要價值觀是金錢，但你注意到他在主持專案時會渴求讚賞與肯定，而且喜歡主張自己的功勞——也就是說，他在這個情境中追求的價值是地位。

透過了解他人的價值觀獵捕人心

　　鮑伊德‧瓦提遇過的最大一項挑戰，就是有個國王決定造訪隆多洛茲。「我們接待過不少名人、顯要及政治人物……可是要因應國王的整批隨行人員，我們的協調安排必須達到前所未有的程度。」瓦提回憶道。

　　他們不只要處理龐大的後勤工作——例如延長一條小跑道好讓王室的噴射機降落——瓦提還必須想出該如何讓國王擁有難忘的體驗。

　　所幸，瓦提和他的團隊立刻獲得線索——在那位國王及他的隨行人員眼中，商品似乎是最重要的價值。瓦提和國王的手下聊過，得知公主喜歡購物。「我們那家小小的紀念品商店必須大量囤積各種商品，才能讓國王身邊的二十名隨行女眷每天都找得到新商品可以買，而且她們一天還可能會去逛個兩、三次。」

　　瓦提的團隊空運來國王愛用的克蘭詩洗面乳、他最喜歡的震動健身器，以及木瓜護手霜。到了國王抵達那一天，隆多洛茲已經完全依照他的主要價值觀量身改造完畢。

　　除了周遭環境的自然之美外，這種對人的深刻了解才是瓦提和他的家族把隆多洛茲經營成舉世知名度假村的關鍵所在。瓦提每天都在迎合他遇見的每個人的主要價值觀——不論對方是野生動物導覽員、飯店櫃台服務人員，還是廚師。他能迅速判定一名顧客來這裡的目的是為了享受奢華體驗（服務），還是包羅萬象的五星級餐飲（商品），或是與大自然合而為一的感受

（愛）。

　　說到底，瓦提是在獵捕人心。他想方設法讓來到隆多洛茲的客人覺得充滿意義。你採用行爲密技的目標也是如此：找出別人的價值觀，爲他們帶來意義，然後獵捕人心。

給自己的挑戰

1.想想你生命中五個重要人物。他們的主要價值觀是什麼？
2.辨識你想拉近關係的人的主要價值觀。你可以怎麼更充分了解那些價值觀？
3.和伴侶或好友一起做主要價值觀的練習。他們認爲是什麼在驅動你？

重點回顧

　　互動的重點在於相互傳遞資源。我們相互給予及獲取的資源共有六種，其中一種是驅使我們的主要動力，又稱爲我們的主要價值觀。每個人都有一項主要價值觀，這價值觀驅使我們做出各種行爲、行動及決定。破解別人的主要價值觀，是解譯對方的最後一步。

・了解自己如何給予及獲取資源。
・了解自己的主要價值觀。
・探索人格矩陣的價值觀層次，以弄清楚驅使別人的動力是什麼。

　　我在本章得到最大的收穫是：

_____

Part

3

最初五天

你要怎麼讓點頭之交變成終身的朋友？你要如何向心儀的對象告白，確立彼此的關係？

　　在本書的第一部分，你學到如何在最初的五分鐘內吸引別人的注意。在第二部分，你得知怎麼藉由學習速讀他人的行為與人格，而了解對方。在最後這一部分，你將精通讓關係升級的技藝。

　　你已經知道如何製造超強的第一印象，以及如何分析難以捉摸的人格，接下來則要提供增加影響力的方法——如何把隊友變成夥伴，把客戶變成狂熱的粉絲，把朋友變成密友。

Chapter 10

連結的捷徑

如何說出吸引別人聆聽的話

一九二六年五月十八日，麥艾梅失蹤了。

那天沒有什麼異常之處。麥艾梅和她的祕書到洛杉磯的威尼斯海灘附近游泳，跳入水裡才幾分鐘，麥艾梅就不見蹤影。搜救者搜尋了鄰近的海灘，洛杉磯市政府進入高度警戒狀態，還是什麼都沒找到。

接著，一件古怪的事情發生了。全美各地都有人報案指稱自己看見麥艾梅——但明顯不可能是真的。有些報案出現在同一天，卻相距幾千英里之遠。警方還收到各種來源的勒贖信。

沒有人找得到麥艾梅，卻每個人都可以設法找她。後來，在失蹤一個月後，麥艾梅竟毫髮無傷地現身在墨西哥沙漠，聲稱她遭人綁架，被關在一間小屋裡。

媒體隨即指出，麥艾梅的說詞有些地方不合理。（她是怎麼到墨西哥去的？她為什麼毫髮無傷？是誰綁架了她？）民眾都對這件謎案著迷不已。她回到洛杉磯時，超過三萬人到火車站迎接她，視她為英雄。

麥艾梅善用自己的名氣，吸引她的新追隨者進入安吉利斯主教堂——這是一個至今仍在洛杉磯營運的教會。洛杉磯一度有 10% 的人口都是麥艾梅那個教會的信徒。

「所以我才想要假裝被人綁架，創立一個教派。」諧星妮可·帕翁站在安吉利斯主教堂外的一輛雙層巴士上，對著一群聽得著迷不已的遊客這麼說。在帕翁的另類喜劇表演《我接受藥物治療前演出的最後一場節目》中，安吉利斯主教堂只是許多古怪又爆笑的站點之一。

這趟導覽之旅背後的概念是講述她生活在洛杉磯的個人故事——包括她在感情上的挫敗、種種令人羞恥的經歷，以及酒醉之後的胡鬧。在這項表演

的其中一個行程，帕翁的大巴士會開到她前女友的住家前面，由她帶領全車遊客高唱愛黛兒的〈好久不見〉。「我的前女友偶爾會把頭探出窗外，和我們一起唱……要看她當時心情如何。」帕翁解釋道。

在一個個站點之間，帕翁會在車上低頭閃避樹枝，講述好萊塢謀殺案件各種鮮為人知的花絮，並指出隱祕景點。在一個紅燈時間特別長的路口，帕翁鼓勵乘客「拿出手機，把我的照片貼在你們的 Instagram 上，再把我介紹給你們最成功的朋友」。她這項表演進行了大約十四次之後，她已知道該避開哪些街區，也知道怎麼向路人搭訕最有效。

帕翁從沒想過自己的導覽之旅會成為好萊塢當地的精采活動，也沒想過報名參加的人數會多到必須排隊候補，更沒想過會有電視台主管找上門，希望把她的巴士導覽變成電視影集。她原本以為這項表演只會舉行一次。「我當時人生很失敗，沒有錢，沒有工作，女友也剛和我分手。」她說。於是，她把喜劇當成自己的治療師，並把那輛巴士當成接受暴露療法的工具。

她的第一場表演是一次很可怕的經驗。「我基本上可以說是對著所有人大吼大叫一個半小時，而且每到一個新地點就覺得好像快吐了。」

不過，她強迫自己要誠實。搞砸的約會、感情中的互相欺騙，以及荒謬的邂逅，她都和盤托出。「我分享了自己內心最深處的祕密，以及令我感到羞恥的時刻。那種感覺一方面很恐怖，另一方面又深具解放性。」帕翁說。

第二天，帕翁還在對付她所謂的「脆弱宿醉症狀」，眾人卻開始談論那場演出，尤其是她那種毫無修飾的幽默感與開誠布公。從那次之後，帕翁已經從事過二十多場的現場巴士表演，每一場的參加人數都爆滿。

帕翁說話時，別人不僅會聆聽，還會希望她多說一點。帕翁無意間發現了建立連結的終極捷徑：她是個**說故事高手**。

故事背後的科學

經過一輩子不斷失敗的創業構想後，玩具製作商泰伊・華納又把畢生積蓄和抵押房子而得的貸款，投入一個他認定值得孤注一擲的點子上。

那個點子就是他見過上百萬次的柔軟可愛填充動物娃娃，但加上一項激

進的變化。

　　他決定爲他的塡充動物娃娃加上名字、生日及故事。其中一隻是大螯龍蝦，誕生於一九九三年六月十九日。大螯龍蝦還有個故事，如下：

　　這隻龍蝦愛夾食，
　　一口一口慢慢吃，
　　平衡身體靠尾巴，
　　速度慢得像蝸牛爬！

　　除此之外，還有巧克力麋鹿、愛叫豬和潑水鯨魚。泰伊・華納終於創造了熱賣商品。孩子們不只要一隻「豆豆寶貝」玩偶，而是想要每一隻都收集。在豆豆寶貝的全盛期，每年可以賣出超過 7 億美元。

　　華納懂得這一點：**我們一旦聽到一個人（或一件東西）的故事，就會覺得與對方有所連結。**

　　・故事提供我們一個說「我也是」的機會，藉此啓動同類相吸效應。
　　・故事能夠產生談話火花，可在我們聆聽時帶來樂趣。
　　・故事可以幫助說故事的人與聽者建立連結。

　　葛雷格・史蒂芬斯、蘿倫・席爾柏、尤里・哈山這三位學者想要知道人在聽故事時大腦會發生什麼事。他們讓受試者接受功能性磁振造影掃描，同時記錄兩個人的大腦活動——一個人分享一則故事，另一個人聆聽故事。他們發現的結果非常引人注目：那兩人的大腦開始「同步」，說話者講故事的同時，聽者的大腦模式會開始與對方匹配。

　　西班牙的研究人員甚至發現，念出「香水」或「咖啡」等字眼也會啓動我們的主要大腦嗅覺區，也就是大腦裡負責處理嗅覺的部位。你如果聽到一則關於法式烤布蕾的故事，你的大腦就會產生那個法式烤布蕾的影像，想像其口味，並促使你的舌頭感受到甜味與滑順的口感。你面前雖然沒有法式烤布蕾，你的大腦卻反應得彷彿有。想像一個感官體驗，就會和眞實體驗一樣啓動相同的大腦部位。別人告訴你一則故事時，你的大腦會反應得彷彿你身

處那個故事裡。研究人員把這種現象稱為神經耦合，我則稱之為人際連結密技。

這個認知機制讓故事成為建立連結的完美捷徑。故事能促使我們和我們與之相處的人真正達到腦波一致的狀態。聽故事者不只聆聽我們所說的話，也**體驗**著我們描述的內容。即使是簡單的故事，也能促進大腦活動，讓我們與周遭的人同步。

> 故事是人與真相之間最短的距離。
>
> ——戴邁樂

讓故事拉近你與對方的關係

我要先自白：你遇過在晚餐時間打電話給你，想要從你口袋裡掏出錢那種人嗎？我曾經是那樣的人。我就是那個你會掛斷電話的對象。沒錯，我當過電話推銷員——呃，不全然是電話推銷員，但相差不遠。我在大學期間為了多賺些錢，加入埃默里大學電話募款團隊。在三年的時間裡，我每天晚上都會打電話給埃默里大學的校友，請他們捐款給母校。

那是我做過最糟的一份工作，也是最棒的。那份工作迫使我跳脫舒適圈，迅速和人拉近關係，並且對拒絕感到麻木。最重要的是，那份工作教導我終極人際連結密技：說故事。

上工後的頭幾個星期最辛苦。第一天晚上，你必須在一大排電腦前面坐下來，把你的耳麥插入自動撥號系統。在系統撥號之際，你必須在五到七秒內快速閱讀出現在螢幕上的連絡人資訊，並迅速記住任何派得上用場的細節。我通常致力於記住他們的姓名、畢業年份及主修科目。幸運的話，你還可以獲得電話響個四、五聲的時間來記憶那些資料。然後：

「喂？」

「史密斯先生您好，我這裡是埃默里大學電話募款團隊，我想請您捐款……」

嘟—嘟—嘟。

比起汙言穢語的謾罵，掛斷電話還算好的。接電話的人如果沒有立刻掛斷，你就必須飛快地 —— 對我來說是尷尬地 —— 請對方捐一小筆錢給學校。在我撥出去的頭兩百通電話裡，大概只有一、兩個人沒有立刻掛斷。而那兩個人的捐款……呃，只能說我的成效還抵不上我的薪水。

一天晚上，終於有個主管對我那慘不忍睹的數字及不斷被人掛電話的遭遇心生同情。他走了過來，拔掉我的耳麥，對我說：「你愛埃默里嗎？」

「當然愛！不然我怎麼會在這裡幫忙募款？」

「很好，」他說，「你為什麼愛埃默里？」

這個問題很好答：「我愛埃默里，因為我覺得這所學校有些老師是全國最優秀的，而且這裡有個很棒的社群，校園又美……」

「好了，」他打斷我的話，「我就是要你以這種態度打電話。你愛埃默里，那些校友也愛埃默里，跟他們說這樣的故事就好了。」

我的主管說得沒錯。那些校友雖然五十年前就畢業了，雖然他們的主修和我不同，雖然我們住在國內不同地區，但我們還是有共同的故事可以分享。

從那時開始，我打募款電話就抱持兩個目標。在電話的第一部分，我只要和對方分享一則與埃默里有關的故事 —— 也許是校友返校節、新蓋的健身房，或是教授在校園遭遇的一個有趣的惡作劇。我當時沒有意識到，但一開始的這則故事**拉近**了校友和我的關係。

在電話的第二部分，我的目標則是要讓對方告訴我一則故事。我想知道他們就讀埃默里大學時的事情 —— 有哪些事物改變了，他們有沒有回學校走走，或者他們在校期間最難忘的時刻是什麼。最後，他們如果有捐款當然很好，沒有也沒關係，我唯一的目標是獵取故事。

慢慢地，我的故事愈說愈好，電話募款也愈來愈順利。

「喂？」

「史密斯先生您好，我叫凡妮莎，是埃默里大學的二年級生。不曉得您有沒有時間聊聊大學歲月？」

「二年級生，是嗎？我們的美式足球隊近來表現得怎麼樣？」

「表現得很棒，還是一場球都沒輸過。」（埃默里大學沒有美式足球隊，這是流傳於校園裡的一個笑話。）「實際上，我們這週末剛舉辦返校節，我們用喬治亞州的水蜜桃做了一輛大花車。你們在一九七八年那時候的返校節也有這麼做嗎？」

「哇，那可是好久以前了。我想想看，我記得我們有遊行，但那時候我們用的是水球。」

「不會吧！我們現在要是在校園裡用水球，一定會被罵慘的。您也知道他們對那些花圃有多龜毛。」

「哈，沒錯，我記得我們在草坪上踢足球，園丁就氣得半死！好了，小妹妹，你找我有什麼事嗎？」

「先生，是這樣的，我是埃默里大學電話募款團隊的成員。去年您捐贈本校 100 美元，不曉得您今年願不願意捐 150 美元？我也可以把您的捐款完全歸給歷史系，因為那是您的主修科系。」

「你可以這麼做嗎？太好了。也請你幫我向塔伯特先生問好，如果他還在那裡的話。」

不只捐款開始源源湧入，我也開始**愛**上我的工作。我知道了圖書館內的隱祕角落，也聽聞了怎麼鑽宿舍床位抽籤系統的漏洞，還對那些校友有許多了解。每個星期，我都會收集故事以便在電話裡說給別人聽，也會想出請人分享故事的新方法。你也可以這麼做。

行為密技 10 **故事堆疊**	分享、述說及獵取令人著迷的故事，以獲取別人的想像力與注意力。

許多人都直覺地懂得故事的力量，卻不曉得如何把這樣的力量應用在日常生活中。我要提供你一個交換、分享及獵取故事的簡單方法，我稱之為「故

事堆疊」。

故事堆疊技巧

要駕馭故事的力量，最簡單的方法就是準備一個「故事堆疊」，把你最喜歡的趣聞、故事及後續問題都集中在一起，以備使用。下面就是故事堆疊的做法：

‧**導火線話題**：你有沒有注意到，同樣的主題往往會在談話中一再出現？我把這類主題稱爲導火線話題。邊喝飲料邊聊天，或者和剛認識的人談話時，我們都會一再聽到關於天氣、交通、週末出遊計畫及最新電視節目的話題。這些是安全且普遍通用的談話領域，所以也是你故事堆疊中的第一層。當你聽到一個導火線話題，就可以把那個話題當成跳板，開始講述你的故事。你可以看看第 215 ～ 216 頁表格裡列出的導火線話題，然後把你在談話中經常遇到的其他話題加進去。

‧**點燃火花的故事**：我們有各式各樣的故事，但很少刻意檢視它們。點燃火花的故事就是那些能引起歡笑、驚訝、哀號及熱烈交談的趣聞軼事。利用第 215 ～ 216 頁表格裡的提示，爲每個導火線話題獵取至少一則故事（可以填在表格裡）。

‧**回力棒**：說完一則故事後，一定要把對話帶回你的交談對象身上，這樣對方才能回答，從而讓你有再度發話的機會。我把這種情形稱爲拋回力棒──在你的故事結尾，你可以怎麼把主題帶回對方身上？你可以提出什麼問題以獵取對方的故事？你可以怎麼促使對方開口說話？或者，你可以怎麼讓對方發笑？

在你建立自己的故事堆疊之前，讓我先舉例說明如何運用這種做法。假設我正在一場商業午餐會上，結果有人提起 HBO 最新的喜劇特別節目。喜劇是我的導火線話題之一，我會等待談話中出現停頓，再提出我的堆疊裡的一則故事。過程大概像這樣：

同事：我剛看了阿茲·安薩里的 HBO 特別節目，眞是太好看了。

我：是啊，我有時也會一整個週末都在看網飛上的喜劇特別節目。我以前常看比爾·馬厄的節目，可是後來我在他面前出了洋相，現在看待他的眼光再也無法和以前一樣了。

同事：什麼？！怎麼說？

我：有一次，我先生和我在西好萊塢看完電影後，在擠滿了人的停車場等著取車。那時天氣很冷，服務員不曉得什麼時候才要把我們的車開來。突然間，我看到一輛巨大的黑色休旅車開了過來，服務員隨即招手讓那輛車開到出口前。我先生和我立刻開始猜測那輛車的車主會是什麼人。我們開玩笑說，那輛車的輪圈不夠酷，所以車主一定不是饒舌歌手；車牌號碼又不夠短，所以一定不是政治人物。就在我們開始嘲笑車上的皮椅時，我轉過頭，剛好看見比爾·馬厄站在旁邊，狠狠瞪著我們。沒錯，那輛車是他的，而且他也聽見了我們那整段對話。眞是尷尬斃了！

同事：不會吧！眞是超尷尬的！他有笑嗎？還是他眞的被你們惹毛了？

我：他完全沒笑，所以我覺得很過意不去。話說回來，你有沒有在現實生活中遇過名人？

同事：有啊！有一次……

　　我利用一則故事與同事連結，並破解了一段原本可能相當乏味的談話。接著，我又拋出回力棒，讓他告訴我一則故事。

　　現在輪到你了。請在以下的故事堆疊裡填入你想得到的所有導火線話題、點燃火花的故事，以及回力棒。

　　記住：你的故事不需要是原創故事。在職場上聽過一個好笑的故事嗎？加進你的堆疊裡。在本書讀到一則趣聞嗎？加進你的堆疊裡。

你的故事堆疊		
導火線話題	點燃火花的故事	回力棒
時事 近期的新聞 令人吃驚的新聞 故事		· 有哪一則新聞是你永遠不會忘記的？當初你是在哪裡聽到的？ · 你知道那件事情時，人在哪裡？
家鄉 童年 成長過程		· 你想念你的家鄉嗎？或者你很慶幸自己逃離了那裡？ · 你成長過程中有什麼有趣的回憶？
姓名 忘記姓名 有趣的姓名 很難念的姓名		· 你的姓氏有什麼歷史？ · 你聽過最有趣的名字是什麼？ · 你喜歡你的名字嗎？
工作 第一份工作 職涯選擇 夢想中的工作		· 你對踏入這一行的年輕人有什麼忠告？ · 你這份工作有什麼地方最出乎你意料之外？ · 你是不是遇到什麼意料之外的事才會踏入這一行？
新活動 旅遊 週末冒險		· 你這輩子有什麼非完成不可的夢想？ · 你都會帶外地來的客人去哪裡？ · 最近嘗試過什麼新活動嗎？你喜不喜歡？
假日 假期 節日傳統		· 你下次度假要去哪裡？ · 你覺得全世界最棒的度假地點是哪裡？ · 你有過的最棒或最糟的度假經驗是什麼？
派對 生日 禮物		· 你參加過最棒的派對是？ · 你收過最棒的禮物是什麼？ · 你最棒的童年派對是？
夏天 季節 戶外 營隊		· 你今年夏天有什麼大計畫，或者有沒有去年夏天發生的故事？ · 夏天會讓你想到什麼？ · 你參加過營隊嗎？

天氣 和風暴有關的故事 極端天氣		· 有沒有在外面遇過可怕或出乎意料的天氣狀況？ · 你經歷過最嚴重的晒傷有多嚴重？ · 你最喜歡哪個季節？
交通 通勤 開車 公路旅行		· 你開車時會聽有聲書嗎？ · 你開車時最喜歡聽哪些歌或哪個電台？ · 你最喜歡的播客節目是什麼？ · 你通勤的距離很長嗎？
電視節目 書籍 電影 經典著作 / 電影 / 表演 紀錄片		· 你現在正在看什麼書或電視節目？ · 你剛看完什麼書或電視節目？ · 你看過最有趣的紀錄片、書籍或文章是什麼？ · 你最喜歡的角色是？ · 你覺得哪個演員最適合飾演你？
名人 榜樣 知名故事 令人著迷的人		· 你有沒有遇見過名人？ · 你有沒有聽過哪個名人有趣的真實生活花絮？ · 如果你可以認識任何一個名人，你希望認識誰？ · 有沒有哪個名人是你的學習榜樣？
活動 研討會 音樂節 遊行 展覽		· 你有沒有參加過這樣的活動？ · 你參加過最瘋狂的活動是什麼？ · 你會參加研討會嗎？ · 你會參加音樂節嗎？

說故事的藝術

你如果不善於說故事，那麼擁有一套絕佳的故事堆疊也不會有太大的用處。三個簡單的元素就區別了普普通通的故事和令人難忘的故事：

· **開頭先製造懸疑：**你必須一開始就攫取對方的注意力。懸疑可以是一

個讓人感興趣的問題、激發反應的陳述，或是沒有固定答案的想法。我講述比爾‧馬厄那個故事時，就先製造了懸疑：「我以前常看比爾‧馬厄的節目，可是後來我在他面前出了洋相，現在看待他的眼光再也無法和以前一樣了。」這個開頭總是會引起別人的好奇心。

　　‧**強調一項掙扎**：最好的故事在其核心都存在著某種掙扎，也許是個問題、一個必須解決的麻煩，或是必須克服的挑戰。比爾‧馬厄那個故事裡的掙扎就是：「車主是誰？」或者，你也可以想成是製造懸疑。你可以暗示些什麼嗎？你是不是和什麼人對立？你是不是鋪了一個哏？

　　‧**利用激發反應的詞語**：還記得大腦的嗅覺系統會因為聽到「香水」與「咖啡」這類字眼而活躍起來嗎？故事描述得愈鮮明，聽者的大腦就會愈活躍。使用生動有趣的詞語為故事增添風味吧。

　　你可以在兩分鐘內把這三項元素全用上，而且應該讓故事保持簡短。你的故事若超過三分鐘，就會讓人覺得你只顧自己說個不停，不給別人發言的機會。

　　一旦開始運用這個模式，就很容易可以把一則乏味的軼事轉變為引人發笑的故事。作家蘇珊‧坎恩在她探討內向者力量的 TED 演說中，就是利用這樣的結構，獲得超過一千四百萬的觀看次數。她運用懸疑、掙扎及回力棒，令她的聽眾深深著迷。

　　懸疑：「我九歲那年第一次參加夏令營，我媽媽幫我打包了一整個行李箱的書。我完全不覺得她這樣做有什麼奇怪，因為在我家，閱讀是主要的團體活動。」

　　掙扎：「你們聽起來可能覺得這是一種反社交的行為，可是對我們來說，這只是一種不同的社交方式。這樣可以享有家人和你共處一室的溫暖感受，但同時你又能在自己的腦子裡自由地四處冒險。我當時以為夏令營就會是這麼一回事，但是又更棒。」

　　獨特的詞語：「我想像十個女孩坐在一間小木屋裡，身上穿著搭配好的睡衣，舒適地看著書。可是夏令營其實比較像啤酒派對，只是沒有酒。在營隊的第一天，輔導員把所有人集合起來，教了我們一句隊呼。她說我們每天

都會高喊隊呼，以便爲大家灌輸營隊的精神。那句隊呼就是：『痛—快—玩—鬧，這就是我們的口號。鬧，鬧，大家一起痛快玩鬧。』」

回力棒：「沒錯，當時的我完全不懂我們爲什麼一定要玩鬧，也不懂爲什麼一定要喊得那麼聲嘶力竭。」

坎恩要是平鋪直敘地講，可能把這個故事講得乏味不已：

> 雖然許多人都認爲閱讀是反社交的活動，但對我來說，那卻是我們的家庭活動。所以我後來參加夏令營，就一直覺得自己格格不入。

但她沒有這麼說，而是添加各種元素，使得她的掙扎對聽衆充滿吸引力。此外，她的回力棒就是引聽衆發笑——這種回力棒最適合一大群聽衆。

想不出怎麼把你的故事套入這個結構嗎？別擔心！讓我來幫你。我設計了一個填空遊戲讓你練習，這個練習的導火線話題是「通勤」。聽起來很無聊嗎？才不會。我們要利用上述公式，把這個話題變爲一則迷你故事。請填寫以下空格：

1. 懸疑：你想知道我在開車時看過最 _____ 的事情是什麼嗎？
2. 掙扎：我在開車途中，突然看見 _____。
3. 獨特的詞語：實在是 _____！
4. 回力棒：你看過有人在車上做 _____ 的事嗎？

接下來，以「有趣的人」這個導火線話題再練習一次，這次可以長一點。請想一個你非常想要認識的人——可以是你在人生中任何時候都非常想認識的對象。

1. 懸疑：_____ 年前，我遇到了我見過最酷的一個人。
2. 掙扎：聽起來也許很 _____，但我一直都想認識 _____，因爲 _____。見面之前，我非常 _____。最後，那一刻終於來臨了。

3. 獨特的詞語：結果真是 ＿＿＿＿ ！那個人最出乎我意料的是
＿＿＿＿，我永遠不會忘記 ＿＿＿＿ 。
4. 回力棒：你見過最酷的人是誰？

　　利用你在前面的故事堆疊表格裡填入的「點燃火花的故事」，練習套用
這個公式。把你的故事堆疊檢視一遍，看看能否為每個故事想出「懸疑」與
「掙扎」。

　　另一個聽別人怎麼說故事的有趣方法，則是看情境喜劇——我就是這樣
學會了講述簡短而風趣的故事。情境喜劇的劇作家必須把建構角色的故事濃
縮成逗趣的軼事，影集《追愛總動員》就有許多這樣的例子。在試播集裡，
泰德問蘿蘋：「請問你從事什麼工作？」（導火線話題）她答道：

　　　　我是都會新聞一號台的記者……呃，大概可以算是記者。（懸
疑）
　　　　我負責製作新聞結尾那些愚蠢的花絮，例如「會彈烏克麗麗的
猴子」。我希望不久之後可以拿到比較大的新聞。（掙扎）

過了幾分鐘，他又詢問她未來的計畫（導火線話題）。

　　　　泰德：「嘿，你星期六晚上要不要和我一起吃晚餐？」
　　　　蘿蘋：「哦，我沒辦法，我星期五要去奧蘭多待一週。（懸疑）
那裡有個人想要做出全世界最大的煎餅。（掙扎）猜猜看，誰要去
採訪這個新聞？（回力棒）」

　　要注意的是，這些迷你故事都帶有一些幽默。幽默通常來自出乎意料或
令人驚訝的事。別害羞，盡量對不同聽眾測試你的笑話。你就練習講自己的
故事，看看什麼時候、什麼地方引得對方大笑及微笑。
　　利用聽眾的回饋調整你的故事。練習講故事時，別怕試驗各種非口語強
調、停頓及潤色。
　　學習說故事的藝術時，我最喜歡的課堂是《紐約時報》。《紐約時報》

之所以成爲舉世知名的報社，就是因爲有那些獲得獎項肯定的記者、編輯與作家。我們可以從他們身上學習。

我的研究員羅比和我設計了一個小實驗，分析《紐約時報》的哪一類文章會爆紅。二○一五年十月至二○一六年一月這四個月裡，羅比記錄並爲該報最多人閱讀的文章編碼，然後分析每篇文章的主題、題目格式、標題，以及每篇文章的承諾。

我們對文章的承諾特別感興趣。標題暗示這篇文章會提供些什麼？換句話說，讀者如果點閱這篇文章，會從中得到什麼？一個新結果？一個教訓？一項驚喜？或是新消息？以下是我們列出的標題類別：

・**問題：**例如二○一五年十月有一篇文章的標題是〈你可以變得更聰明嗎？〉。

・**竅門：**許多標題都暗示該文章會提供訣竅、自己做的方法，或是一件新事物的做法。二○一五年十二月有一篇文章的標題就是〈因應氣候變遷的方法〉。

・**歷史：**另外有些標題指涉歷史上某個時間、時期或時刻，例如二○一五年十二月的一篇文章，標題爲〈洛克斐勒中心耶誕樹的義大利勞工起源〉。

・**挖苦：**這個類別包含任何巧妙、搞笑或一語雙關的標題。我們看到〈本專欄不含麩質〉時，都忍不住笑了出來。

・**新事物：**舉例而言，二○一五年十月有一篇文章的標題是〈你對新的學術評量測驗所須知道的一切〉。

・**故事：**精心打造的標題可以讓人覺得自己即將閱讀一則關於某人或某地的精采故事，例如〈我的黑暗加州夢〉及〈女神卡卡充滿熱情的人生〉。

35% 的爆紅文章都向讀者承諾了精采故事──也就是在總數 559 篇的文章裡占了 195 篇──是所有類別中效果最好的。

不同類別文章在四個月期間的爆紅篇數

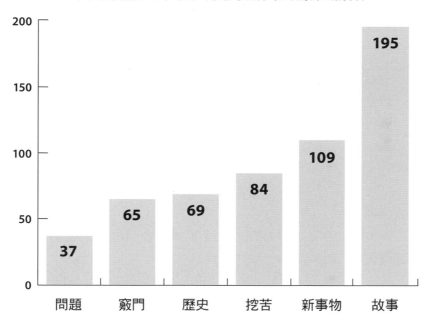

你可以自己上《紐約時報》網站看看被轉寄次數最多的文章，你會看見同樣的說故事公式一次又一次不斷出現。首先，作者在標題中暗示會有個精采故事而製造了懸疑，隨即提出一項必須克服的掙扎或挑戰，最後再以引人注意的詞語描繪一幅鮮明的圖像。

不論你是希望自己的提案被廣為傳播、電子郵件被閱讀，或是吸引別人對你的近況更新按讚，就利用故事的力量擷取別人的注意力吧。

別怕分享有點丟臉的真實故事

你可以把故事堆疊及三步驟說故事技巧運用在面對面交談、電子郵件，甚至是個人檔案中。

每個星期，我們都會寄發免費的「人的科學」電子郵件給超過十萬名訂閱者，裡面有與人相關的科學發現、人類行為密技，以及溝通訣竅，很酷。

有一次，我在電子郵件裡加入〈夫妻為何吵架〉這篇文章的連結。不過，與其單純把連結放進電子郵件裡，我決定加上一則我先生和我的簡短故事，內容如下：

> 主旨：最常造成夫妻吵架的五項議題
>
> 親愛的，你能不能把你的襪子撿起來？
>
> 寶貝，請把你的臭襪子撿起來！
>
> **請**把你那又臭又髒，簡直可以說已經腐爛了的襪子撿起來！！
>
> 如果你是我家牆壁上的蒼蠅，那麼你可能偶爾會聽到這幾句話。你和你的伴侶是不是經常為了相同的事一再吵架？不是只有你們會這樣！
>
> 雖然難以置信，可是你知道嗎？**根據約翰·高特曼博士的研究，情感關係中的衝突有 69% 從來沒有被解決！**
>
> 哇，哇，哇，一切都不會有問題的，就讓凡妮莎姊姊幫你吧！69% 的人都會因為同樣的事一再爭吵──這是壞消息。不過，好消息是：
>
> **如果知道自己是為了什麼爭吵，那些爭吵又是怎麼發生的，我們就可以降低爭吵的激烈程度。**
>
> 找出你們最常吵的問題及解決方法吧。〔連結〕

這封電子郵件的開信率和點擊率遠高於平均。為什麼？沒錯，我說了個故事，而且是真實故事。我坦誠講述了一則和我真正的先生有關的故事，內容涉及真正會讓我們吵架的問題。實際上，我先生甚至傳簡訊告訴我，他覺得他那天早上確實忘了撿起他的襪子。

諧星妮可·帕翁因為她尖銳辛辣的真實故事而深受喜愛。那些故事很好笑，也令人心痛，而最重要的是，那些故事讓我們和她連結在一起。

「我認為別人在某些方面會對我的故事感同身受。當然，他們會笑，但他們也能想像自己身處同樣的狀況下。也許他們犯過類似的錯。」帕翁說。「失敗能讓人產生連結。聽到別人的失敗經驗，你就不會以那麼嚴厲的眼光看待自己的失敗。」她補充道。

　　最好的故事，是同時分享失敗與成功。別怕分享有點丟臉、有點涉及自身弱點、有點嚇人的故事，這類故事最能建立深厚的連結。

給自己的挑戰

1.想出三個你喜歡講的故事。
2.為這三個故事找出效果最好的懸疑、掙扎，以及生動的詞語，然後找個朋友練習。
3.在手機或電腦上記下你聽到的精采故事。

重點回顧

　　故事是建立連結的捷徑。故事可以吸引注意，並使聽者的大腦模式與說故事者一致。而運用故事堆疊，是讓別人理解你思考方式最好的方法。

・故事會讓我們的大腦活躍並同步化。
・為談話中經常出現的共通性導火線話題找出故事，然後利用回力棒請別人分享他們自己的故事。
・故事有效果好壞之分。每個故事都應該具備懸疑、掙扎與生動詞語等元素。

我在本章得到最大的收穫是：

_____

Chapter 11

認同的力量
如何領導他人

　　你大概會認為馬克‧葛登擔任電影製作人的豐功偉績對一個人的一生來說已經足夠。他得過奧斯卡與艾美獎，也和好萊塢的一線巨星合作過，包括湯姆‧漢克斯、麥特‧戴蒙，乃至珊卓‧布拉克。不過，他也是教育界的英雄──儘管鮮少有人知道這一點。

　　葛登先是在她兩個女兒就讀的私立學校擔任愈來愈重要的職務，接著當上非營利組織「為美國而教」洛杉磯分部的主席。後來，他在二○一○年有了一個構想──還是個頗為龐大的構想。他想要建立一所可以把孩子形塑成全球公民的學校。這是一項艱鉅的工作──對一個不熟悉學校事務的人來說尤其如此。他在電影片場培養出來的領導技能適用於這個新情境嗎？

　　訪問葛登時，他把自己的領導做法概括為三個步驟：「我總是從自己有熱情的事物著手，列出一個目標，然後找個非常聰明又有能力的人合作。」

　　他確實對教育懷有熱情，於是設定了一個極度困難的目標：在二○一○年九月前開設一所特許學校。在這個目標的限定下，他們只有九個月可以找到合適地點、制定教育章程、聘用老師、招生，以及設計課程。

　　葛登領導三步驟中的第三個步驟，是克莉絲特‧德拉根。葛登在德拉根擔任「為美國而教」的執行董事時認識了她。身兼法律博士、前數學教師及三名子女的母親三個身分的德拉根，正擁有葛登所需的經驗與觀點。

　　「我打電話給她，對她說：我要成立一所學校，而且會負擔所有開支。我們該怎麼做，而且要怎麼以最快的速度達成這個目標？」葛登回憶道。德拉根沒有因此退縮，反而立刻深受吸引。「我媽是外來移民，我爸則是成長於阿拉巴馬州伯明罕市外圍的公營住宅，所以社會的多元與包容一直是我相當重視的議題。」德拉根說。

他們兩人共同擬定一項宗旨。「我們希望成立一所免學費的學校，招收的學生在種族、經濟與智力程度上極為多元。我們也希望這所學校培養出來的學生具備深入思考的能力，並抱持根深柢固的服務理念。」德拉根說。

才幾個星期，「世界公民特許學校」就誕生了。不過，他們只有短短幾個月的時間可以將這所學校籌備完成，開始招收學生。葛登不希望德拉根被募款或成立委員會這類雜務纏身，只鼓勵她盡量發揮天分。「我要她建立團隊，找到理想的地點，並清楚告訴我她需要什麼。」葛登說。

德拉根在她招募人的過程中也內化了葛登的理念。「找到對的人，使他們與超乎自身的崇高理念連結，並讓他們放手去做。」德拉根說。她找到適當的校長，組織了一支傑出的教學團隊，並在東洛杉磯找到設立旗艦校的理想地點。

世界公民特許學校開始招生後，隨即有數百名學生提出申請。在學生滿額的情況下，於二〇一〇年九月開學。

「我們之所以能夠這麼快就做到這麼多事，就是因為馬克的領導風格。他的目標非常明確，也很清楚我的技能，並且任由我盡情發揮。我不可能找到比他更好的合作夥伴——他為我提供解決問題所需的資源，又給了我自由空間，讓我能夠以自己的方式解決那些問題。」德拉根指出。

二〇一二年，葛登與德拉根在加州的銀湖社區設立他們的第二所學校；一年後，又在馬維斯塔成立第三所，並且擴展至紐約的布魯克林區，在那裡開設兩所學校。現在，世界公民已有七所學校，分布於三座城市，學生超過一千八百五十人。

慢慢地，世界公民學校為下一個世代的領袖賦予力量，而葛登也證明了這個事實：如果你是某個領域的領袖，那麼你在每個領域都一樣可以是領袖。他對待人的方式，不論是在電影產業或教育體系，都一樣管用。

葛登與德拉根透過賦予人力量而改變世界。現在，你也可以這麼做。

「所有權」背後的科學

你有沒有試過組裝宜家家居的商品？如果你像我一樣，那麼過程大概

會是這個樣子：首先，你在宜家賣場裡一間設計完美的房間看到一件很棒的家具。你愛上了那個東西！你拍下標籤，然後推著一部大板車穿梭於一長排看起來一模一樣的走道，因此燃燒了一千大卡的熱量。你終於把那件家具的二十七盒板材全部拿齊，結了帳，然後停下來吃個肉桂捲。

回家之後，你把那二十七盒板材搬到客廳，全部拆封，然後把所有的鐵釘、螺絲、塑膠榫釘分類堆在一起。

你欣喜地發現說明書只有四頁 —— 而且還有圖畫！組裝了四十五分鐘後，你才意識到最早組裝的那塊木板裝反了。你把那塊木板甩到牆邊，倒了一杯水，然後開始對配偶大吼大叫。過了五個半小時，你的家具終於組裝完成 —— 雖然搖搖晃晃的，不過總算完成了。

接下來的幾個月，你看著那件家具逐漸崩壞，隨著每一次使用或推撞，狀況愈來愈糟。朋友建議你到附近的家具行買個新的（預先組裝好的家具），你沒辦法接受 —— 你花了人生中的八個小時組裝這個東西，結果這東西竟然會在你丟掉它之前就先自己垮掉。

所有人都有過這樣的經驗。我們總是賦予自製物品過高的價值，而這種現象也恰如其分地被稱為宜家效應。麥克‧諾頓、丹尼爾‧莫瓊與丹‧艾瑞利等三名學者想要探究因「所有權」心態而產生的有趣現象。

他們要求受試者（製作者）做個摺紙小青蛙或紙鶴，然後表示他們想要買受試者親手製作的那些物品，問受試者自己會用多少錢買這樣的東西。

接著，研究人員把摺紙作品拿給另一群非製作者的受試者看，問他們願意花多少錢買 —— 研究人員想知道，製作者為自己的作品設定的價格比市價高出多少。

最後，研究人員再請摺紙專家製作精美的紙鶴和紙青蛙，然後問最後一群非製作者的受試者願意花多少錢買這些作品。

你大概猜得到，「那些業餘摺紙人的作品在非製作者眼中雖然和毫無價值的廢紙差不多（價值不到 5 美分），我們的製作者卻賦予自己的作品比較高的價值（23 美分）。」研究人員指出。

研究人員也利用實際上的宜家家具及樂高作品測試這種現象 —— 結果也一樣。我們喜愛自己製作的東西，因為我們把那些東西視為自身的延伸，才會賦予它們比較高的價值。

我們可以利用這種效應，賦予周遭人力量。葛登不是打電話對德拉根說「嘿，我要創辦一所學校，而且我要用自己的方法做事」，從一開始，他就希望德拉根和他合作創辦學校。他為她提供所需的資金和支持，然後就放手讓她發揮。**放棄控制時，我們就授予他人力量了。**

我稱這項密技為：賦予所有權。

行為密技 11 **賦予** **所有權**	藉由給別人認同、控制權及所有權，而賦予他們力量。

領導他人的重點在於傳達一項任務，然後讓對方參與其中。如果想要激勵同事、賦予團隊力量，或者鼓舞朋友，唯一要做的，就是弄清楚如何賦予對方所有權，讓人覺得「這也是我的」。

情感上的所有權

一九七七年，哈佛大學心理學家艾倫‧蘭格想要探究在影印機前排隊的人的心態。

蘭格要求研究助理利用以下這三句話，要求在影印機前排隊的人讓他們插隊：

請求 1：「不好意思，我有五頁文件要影印，可以讓我使用影印機嗎？」（只有請求）

請求 2：「不好意思，我有五頁文件要影印。因為我趕時間，可以讓我先用影印機嗎？」（請求＋合乎邏輯的理由）

請求 3：「不好意思，我有五頁文件要影印。因為我需要影印，可以讓我先用影印機嗎？」（請求＋沒什麼道理的理由）

　　請求 2 是唯一合理的。請求 1 沒什麼道理，因為那整條排隊人龍很顯然都要使用影印機。請求 3 也是荒謬無稽——每個在排隊的人都需要影印。

　　第一項請求的效果還不錯——60% 的人都讓研究人員插隊。但後面兩項請求的效果卻是令人難以置信：合理請求的成功率達 94%，荒謬請求的成功率也有 93% ！

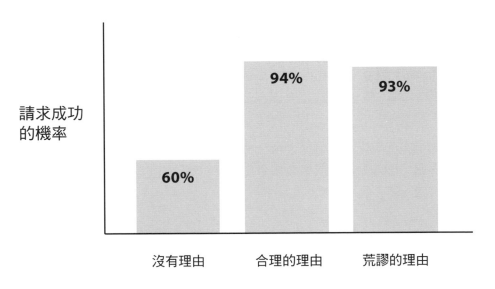

沒有理由　　　　合理的理由　　　　荒謬的理由

　　理由為什麼具有這麼強大的力量，而且就連不合理的理由也是如此？人類是目的導向的生物，我們認定自己所做的一切背後都有理由。所以，**領導者如果要激發行動，就必須獲得他人情感上的認同。**

　　解釋一項目標背後的動機，就可以讓聽者覺得自己在一定程度上也「擁有」那個目標。你有沒有捐款給慈善組織過？一開始，你是不是受到某項情感訴求的吸引？慈善組織向你募款時，通常會先分享他們的宗旨。以我最喜歡的非營利組織奇瓦為例，以下是他們網站上的「關於我們」介紹內容中的第一段：

　　　　我們是個非營利組織，宗旨是透過借款消弭貧窮，而把人連結在一起。奇瓦利用網路和一套遍布全世界的微型貸款機構網絡，可

讓個人借出低達 25 美元的小額貸款，以協助在世界各地創造機會。

　　奇瓦要你知道，他們從事的活動背後有個目的，而且希望他們的目的也會成為你的目的。

　　如果獲取他人的情感認同聽起來好像很難，那麼，我可以提供一個簡單的訣竅：

向人提出請求時，一定要用上「因為」這個詞。

　　「因為」隱含目的。不論是要推銷自己、試圖把心儀對象約出去，還是要說服朋友到你最喜歡的餐廳吃晚餐，都一定要把理由準備好。

　　從上面那個影印機的例子，我們知道即使是荒謬的理由也能說服別人。不過，我要你找出強而有力的理由，就像葛登對於改變教育未來面貌抱持的熱情，或是奇瓦消弭貧窮的目標。以下這幾個方法能讓你賦予你的理由更大的影響力。

　　‧**與對方連結**：最好的理由都對聽者有益。代價是什麼？結果是什麼？有什麼好處？想想萊雅化妝品的口號：「因為你值得。」這句話直接訴諸顧客的需求。

　　‧**與你自己連結**：一件事物如果對你意義重大，或者會讓你很開心，就利用你內心那股真實的熱情創造一個強而有力的理由。葛登深深信奉平等與多元化，此外，他還有兩個小女兒，滿心希望給她們最好的一切。就算這些不是你的目標，聽他說話還是深受感動。或者，也可以想想美國海軍陸戰隊的口號：「少數的精英，自豪的部隊，海軍陸戰隊。」這句話展現了海軍陸戰隊代表的理想，以及他們崇高的宗旨。

　　‧**與「我們」連結**：你也可以把你的理由與雙方共同的利益或對整個社群都有幫助的事物連結在一起。葛登在推銷世界公民特許學校時，就強調培養未來的世界領袖如何能讓這個世界對所有人而言都變得更好。當然，他的學校直接幫助的對象是學生及其家庭，但那些學生畢業後進入社會，也會裨益世人。同樣地，蘋果的「不同凡想」口號也呼籲使用者及世人挑戰現狀。

只要有機會，就和人分享你的理由，並將你的理由和盡可能多的情感訴求連結在一起。也許，你甚至可以同時滿足以上三項條件。舉例而言，我在「快樂的力量」這套線上課程中為網友提供了三個購買課程的理由：你上了這門課之後會變得更快樂，我則獲得資金針對快樂進行更多研究，而且我們都會因此生活在更充實也更有覺知的社群裡。

以下提供幾個例子，讓你知道如何利用這項密技改善日常生活中的請求。

典型請求：我們很希望你能成為我們的顧客。
運用密技：我們很希望你能成為我們的顧客，因為你一定會喜歡我們的產品，而且這項產品可以讓你更強壯／更厲害／更帥氣。

典型請求：我們今天晚餐吃印度菜吧。
運用密技：我們今天晚餐吃印度菜吧，因為印度菜很好吃，而且你也提到你想嘗試新口味！

典型請求：我可以要你的電話嗎？
運用密技：我可以要你的電話嗎？因為我認為我們可以處得很愉快！

典型請求：請問這班飛機還有靠走道的座位嗎？
運用密技：請問這班飛機還有靠走道的座位嗎？因為我常常需要起來，不想因為這樣干擾到旁邊的人。

典型請求：你願意幫忙看看我的履歷嗎？
運用密技：你願意幫忙看看我的履歷嗎？因為我希望這次終於可以搬出我父母家，你的幫助對我一定很有用！

要知道你的理由，就必須先讓自己成為使命導向的人。西奈克把這種做法稱為「先問為什麼」，並為此寫了一本同名書籍。德拉根只聘用認同世界

公民學校宗旨的老師，而葛登挑選拍片計畫時，能夠獲得他青睞的電影都必須讓他可以說一個強而有力的故事。葛登說，他製作的電影就算是動作片，「也還是和某個主題有關。那些電影當然有大場面，也無疑是輕鬆的娛樂片，但希望至少促使觀眾以一個寬廣的角度思考」。

　　如果想要讓你人生中任何一個領域的人認同你，就必須知道你自己的理由，也就是驅使你行動的宗旨。

情境	理由	宗旨
應徵新工作	你為什麼想要幫助這家公司？這不只關乎上班有錢領。	你可以怎麼幫助這家公司達成他們的宗旨，以及你自己的宗旨？
面試新員工	你的公司為什麼要尋找傑出的員工？這不只關乎填補空缺。	你可以怎麼幫助這名員工投入公司的宗旨之中？你為什麼要這名員工成為團隊的一分子？
請求朋友捐款給你參與的慈善組織	這個慈善組織對你為什麼那麼重要？這不只關乎募款。	這個慈善組織做了什麼影響社會的事？你朋友的捐款為什麼很重要？
在初次約會中拉近關係	你為什麼認為你可以讓對方快樂？這不只關乎擺脫單身。	你可以為一段感情帶來什麼？你為什麼希望找到理想伴侶？
提出電梯簡報	你為什麼挑選了目前這條職涯路徑？這不只關乎你從事什麼工作。	你為什麼從事這項工作？你職業生涯的目的是什麼？

　　理由是你激勵他人的跳板。你如果不知道是什麼事物在驅動你，就沒辦法賦予別人力量——因為驅動你的理由也會成為驅動他人的理由。

　　所以，請讓他人在情感上覺得對你提出的構想、目標與計畫有「所有權」。

技能上的所有權

葛登製作《清道夫》這部影集時，找來得過艾美獎的劇作家安‧白德曼擔任節目總監。「安‧白德曼和我密切合作，共同編寫了劇本。她非常配合，那是我籌備作品最愉快的一次經歷。」葛登接受雜誌訪問時表示。

葛登明白你不能只知道自己的技能，也必須知道你的合作對象擁有哪些技能。「我只和才華令我尊崇的對象合作。這麼一來，你和他們合作時，他們做出正確決定的機率就和你一樣高，於是你們就能創造非常出色的作品。」葛登解釋道。

和白德曼合作選角及製作試播集之後，葛登就知道自己該放手讓白德曼主導這部影集了。也就是說，他了解要**讓對的人發揮他們的技能，然後退開不要插手**。

我把這個過程稱為「技能上的所有權」。每當某人利用自己的才能完成一項目標的一部分時，他就會覺得對那項目標更有所有權了——而這會讓他更想達成那項目標。

假設你正在參加好友的婚前派對，新娘與新郎——姑且稱他們為芮秋和布萊恩——請你負責婚禮前的活動，以及照顧伴娘與伴郎的需求。婚禮顧問遞給你一份長長的清單，上面寫滿待辦事項，包括為彩排晚宴準備冰塊，以及在婚禮前把花插在水裡。

第一步是給每個人情感上的所有權。你把大家召集到飯店套房裡，向他們自我介紹。「終於見到你們所有人了，真開心！婚禮顧問剛剛給了我一份清單，上面列出我們可以幫忙的事，**因為**芮秋和布萊恩有點忙不過來。我知道**我們的目標**是盡可能讓這場婚禮順利進行，並且把所有事情先做好，這樣我們就可以在婚禮上盡情狂歡。」

這樣的說詞把你要達成的目標（完成清單上的事項），和幫助新人及確保所有人都能在婚禮之夜玩得開心結合在一起。大家紛紛點頭，然後開始互相自我介紹——太棒了！你讓所有人達成共識了。

接著，你要把情感上的認同化為行動。以下是大多數人的做法，但其實沒用：

- 請問誰可以把要擺在桌上的名牌寫完？……有人自願接下這項工作嗎？
- 誰可以在彩排晚宴之前去拿冰塊？……拜託，有人可以幫忙嗎？
- 誰想要把這些框組裝好掛起來？……拜託，各位！大家都必須出一份力呀！

以這種方式分配工作不是激發行動最好的方法，別人可能會心不甘情不願地答應，但過程會很辛苦。

與其隨機指派或希望有人自告奮勇，你應該把清單上的事項依技能分類，**這樣可以凸顯別人的能力，讓他們充滿幹勁，而不是覺得負擔沉重。**要做到這一點，就使用我所謂的「技能探問」吧。技能探問就是請別人自我辨識自身能力：

- 有人擅長 _____ 嗎？
- 你熟悉 _____ 嗎？
- 我需要精通 _____ 的人。

針對那場婚禮，過程也許會是這樣：

- 誰寫字比較漂亮？太好了！蘇希，你可以把要擺在桌上的名牌寫完嗎？
- 有人開車嗎？太好了！史蒂夫，明天能不能請你在彩排晚宴之前去拿冰塊？
- 我需要手巧的人──有沒有人擅長修東西的？葛雷，真是謝謝你。你可以把這些框組裝好掛起來嗎？

這樣分派工作不僅速度比較快，也能讓所有工作變成技能導向，而不是責任導向。請把這個策略應用在企業團隊、運動隊伍、孩子、朋友及家人身上。直接邀請也和開放式問句一樣有效。舉例而言，葛登知道德拉根擁有適

當技能，於是打電話給她，請她利用那些技能達成他的任務。另外還有一些
例子：

· 吉姆叔叔，你調的雞尾酒好好喝——你今晚可以負責酒吧嗎？
· 蕾妮，我知道你很擅長打電話給陌生人——你明天可以打電話給這份
  名單上的這些人嗎？
· 茉莉，你很會挑餐廳——你願意規畫生日晚宴嗎？

你有沒有注意到這些例子還有別的特色？這些例子也暗中用上了「行為
密技4：扮演螢光筆」。技能探問是凸顯別人的長處，並利用那些長處追求
共同目標的絕佳方法。

所以，請把焦點集中在別人的技能上，藉此把他們的情感認同轉變為行
動。

藉由個別訂做激發取得所有權的感受

我桌上有一張明信片，上頭寫著：

嘿，我發現你的手，又和以前一樣插在我的事務裡。

事必躬親是領導的剋星。最優秀的領導者知道什麼時候應該放手，也知
道自己愈是讓別人自行決定事情該怎麼做，別人就愈能把事情做好。葛登最
擅長的就是這一點。

「對我來說，最困難的部分是學習人對於一件事除了百分之百投入，以
及完全不投入之外，還可以有其他不同程度的投入狀態……我學會在別人需
要我的時間和地點出現。」葛登說。

領導的重點不在於親手從事或監督一項計畫中的每一件事物，而在於涉
入適當的事物，其他部分則交給適當的人去處理。「這對我而言是真正的學
習經驗，能夠知道什麼時候該插手，什麼時候該放手。」葛登表示。

　　「珊達‧萊梅斯製作《實習醫生》這部影集時，並不需要我每天都協助她。你不能只是因爲自己可以這麼做，或是因爲內疚，或是因爲別人對你有這樣的期待，就認爲自己必須介入各項事務。」葛登說。

　　這樣的做法爲葛登與萊梅斯帶來豐碩的成果。《實習醫生》成了熱門影集，曾經獲得一百七十四項提名，贏得六十三個獎項，包括金球獎與艾美獎。萊梅斯自己也贏得一座製片公會獎、一座同志媒體獎、兩座編劇協會獎，以及五座有色人種協進會獎。她後來又擔任《醫診情緣》與《醜聞》的節目總監，以及《謀殺入門課》的執行製作。**你一旦放手，即可讓對方產生取得所有權的感受，從而達到雙贏的結果。**

　　我不是說你應該完全放手，而是要你想想如何讓別人添加他們自己的行事特色。研究發現，消費者願意爲他們個別訂做的產品支付更高的價格。

　　奇瓦就把這種「賦予所有權」的做法納入他們的營運中。如同先前提過的，奇瓦這個組織讓人可以向世界各地的創業家提供免息的微型貸款，不過，奇瓦不是單純要求你捐錢，然後由他們分配，而是讓你搜尋一個創業家資料庫，由**你**決定你的錢究竟要貸給誰，以及如何使用。

　　我每年生日都會捐款給奇瓦，也非常喜歡自行挑選創業家的過程。奇瓦在他們的捐款模式中採用了「賦予所有權」這項密技的三個步驟：

- ·首先，一上他們的網站，我就可以看見一長串我可以「借款」的對象。那些人都會先提出自己借貸的理由，藉此帶出借款人情感上的所有權。我看到瓜地馬拉一家書店借貸是爲了購買一部電腦來登錄銷售狀況，以及黎巴嫩的法蒂瑪借貸是爲了讓她的零售店採購更多商品。
- ·然後，我就可以運用我的技能和價值觀。女性創業家在我心目中的地位極爲重要，而創業又剛好是我的才華之一，所以我傾向捐錢給女性經營的企業。我喜歡研究不同的營收模式，挑選出我認爲有堅實營運計畫的女性。
- ·最後，我再決定要借多少錢給每個創業家。這才是不折不扣的個別訂做！

　　愈是允許別人個別訂做一項程序或執行他們自己的策略，他們的參與度

就愈高。運動服飾零售商露露檸檬的執行長克莉絲汀‧戴伊直到徹底投入公司經營之後，才了解這一點。「我曾經是非常聰明能幹的高階主管，認為自己最大的長處，在於總是能夠提出正確看法。」但她了解到，「提出正確看法」並不是激勵團隊最好的方式。

戴伊開始留下空間讓員工腦力激盪，提出他們自己的解決方案，而不只是要求員工聽命於高層管理人員。「當我試著讓別人取得所有權或覺得有參與感時，重點就不在於告訴他們該怎麼做，而是**讓他們參與這個構想，並且被目標引導。**」戴伊說。

戴伊希望創造一些工作，讓人可以運用自己的技能，並把公司的績效視為自己的責任。她認為這就是她領導能力的核心所在：「從擁有最佳點子或問題解決方案，**轉變為真正成為最好的領導者**，這點對我造成極大的影響。」

在戴伊的帶領下，露露檸檬快速展店，營收也持續攀升。

做一個好的領導者，重點不在於事必躬親，而是讓團隊成員個別訂做自己的工作，從而賦予他們力量。

之前經過改善的那些無聊的典型請求，結尾處可以怎麼「個別訂做」？

典型請求：我們很希望你能成為我們的顧客。

運用密技：我們很希望你能成為我們的顧客，因為你一定會喜歡我們的產品，而且這項產品可以讓你更強壯／更厲害／更帥氣。

個別訂做：我們可以提供你專屬的包套產品。以下就是……

典型請求：我們今天晚餐吃印度菜吧。

運用密技：我們今天晚餐吃印度菜吧，因為印度菜很好吃，而且你也提到你想嘗試新口味！

個別訂做：你可以挑開胃菜！

典型請求：我可以要你的電話嗎？

運用密技：我可以要你的電話嗎？因為我認為我們可以處得很愉快！

個別訂做：你要把你的電話號碼輸入我的手機裡嗎？

典型請求：請問這班飛機還有靠走道的座位嗎？

運用密技：請問這班飛機還有靠走道的座位嗎？因為我常常需要起來，不想因為這樣干擾到旁邊的人。

個別訂做：如果你覺得這班飛機有哪個座位最適合我，我也很樂意接受你的建議。

典型請求：你願意幫忙看看我的履歷嗎？

運用密技：你願意幫忙看看我的履歷嗎？因為我希望這次終於可以搬出我父母家，你的幫助對我一定很有用！

個別訂做：如果你寄你喜歡的範本給我，我就可以依據你在這個產業的經驗，重新安排履歷的格式。

你可以把這項密技應用在任何請求上，以獲得別人的認同。你唯一要做的，就是讓對方覺得和你共同擁有最後的結果。

總而言之，要激勵別人，就給他們所有權。

資訊補給站

80% 的受訪者認為，領導者是後天造就而不是先天決定的。我同意——只要有適當的工具，人人都可以成為領導者。

Vanessa Van Edwards
@vvanedwards　　　 Follow

【意見調查】我認為優秀的領導者是先天決定，而非後天造就的。

20% 是
80% 否

152票・最終結果

額外訣竅：
讓你充滿熱情的，也可能激發別人的熱情

　　葛登之所以製作《搶救雷恩大兵》，是因為他深愛這部電影的構想，而不是因為他覺得這部片會賺進大把鈔票。

　　「《搶救雷恩大兵》是我真心喜愛的作品，而且我和編劇鮑勃・羅戴特花了很長的時間一起打造這部片。我們很幸運有史蒂芬・史匹柏與湯姆・漢克斯加入。不過，當初大家都沒有預期它會是一部商業大片，所以，當你能夠製作出一部真正有意義的電影，結果票房又很好，這就是最棒的事。」葛登說。

　　葛登總是希望自己的電影可以成為賣座巨片，但不是一定要這樣。「像《細節人生》這樣的電影，以及我們製作過的一些比較小品的作品，重點都是對電影的熱愛，以及我自己深愛的事物。這些電影只能說完全與錢無關，重點在於打造自己熱愛的作品所帶來的滿足感。很少有人有機會這麼做，所以我對此深懷感激。」葛登說。

　　葛登的成功之處，在於他只製作自己真心喜歡的作品。當他投注心力寫劇本時，都會從讓自己著迷的主題著手，然後深入探索。

　　「對我而言，重要的是：我對這部片的構想有沒有情感上的投入？這部片有沒有什麼特殊之處？這部片有沒有抓住我的想像力？所以，我做的每一件事，都只是讓我感到興奮的事。」葛登在接受雜誌訪問時這樣說道。

　　如果有一件事攫取了你的想像力、你的熱情、你的精力，那麼這件事也很有可能攫取別人的想像力、熱情與精力。這不正是我們所有人來到這個世界要做的事嗎？我相信，每個人在某方面都是領導者。

　　你可以解決他人的問題，並賦予對方力量，去解決問題。

給自己的挑戰

1.你為什麼想要領導別人？
2.想一件你應該指派的工作，然後挑選一個能夠勝任的人，放手讓對方自行發揮。
3.在你接下來要提出的三項請求中加上理由──就算是愚蠢荒謬的理由也沒關係。看看別人會怎麼反應。

重點回顧

如果你要領導別人，就以下列方法激勵團隊或個人：

・分享你的宗旨，並且盡可能把這項宗旨和你們雙方的共同利益結合在一起。
・思考如何利用每個人的獨特技能。
・放手讓別人掌控整個過程。

我在本章得到最大的收穫是：

_____

Chapter 12

揭露弱點

如何建立長久的關係

法蘭克‧華倫是祕密的保存者。

每個星期，陌生人都會寄明信片給他，透露他們埋藏在心中的祕密。華倫至今已經收到超過一百萬則祕密，而且以每週超過一千則的速度成長。那些明信片不斷湧入，以致他家的牆邊都堆滿了祕密。

其中有些祕密非常逗趣。例如以下這一則，我敢說你一定感同身受。

書讓我性欲高漲。

有些很溫暖甜美，讓人不禁微笑。

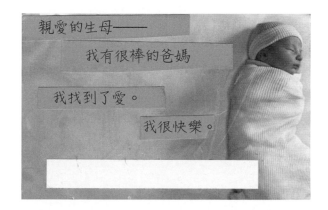

有些讓人極度悲傷，卻又發人深省。

有些是令人不安的自白。

有些讓你忍不住笑到整個人都縮起來。

華倫收到的祕密，內容涵蓋感情出軌、憂鬱、教養、職場鬥爭、壓抑的幻想，以及友誼。

他從沒想過自己會是這些真心話的匯集處。這一切始於二○○四年。「我在三千張明信片上印了我家地址，而在每一張明信片上，我都請人匿名分享一個祕密。」華倫說。他在華府街頭發送這些明信片，也張貼在咖啡廳的公布欄上、藏在圖書館的書中、放在廁所隔間裡。

我問華倫他當時預期會有什麼樣的結果，他並不樂觀。「我完全不曉得會不會有人把這些明信片寄給我。一年裡要是可以收到三百六十五張，我就會很高興了。」華倫對我說。不過，他根本不需要等那麼久。短短幾個星期，他就收到一百張明信片。他對人們願意向陌生人分享的祕密深深著迷，於是把那些明信片轉變為一場藝術展。最後，他開始把那些明信片發表在他的部落格上，並將部落格命名為「明信片的祕密」（PostSecret）。經過幾年，這個部落格在網路上爆紅。

我第一次無意間發現這個網站時，就花了好幾個小時瀏覽別人的祕密。我完全了解一個以祕密為主題的部落格會有的吸引力——我們都喜歡看別人的自白。可是，為什麼有人願意坦承自己的祕密？

後來，我也把自己的祕密明信片寄給華倫，然後就明白了。祕密關乎釋放自己的脆弱。和人分享祕密時——即使分享的對象是陌生人——我們會覺得如釋重負，覺得不那麼孤獨。

「每一天，我們都在決定揭露或隱藏自己的哪些部分，」華倫指出，「那些決定會影響我們說話的內容、說話的對象——也會爲我們帶來沉重的壓力。」

經營「明信片的祕密」這個部落格幾年後，華倫舉辦了一場現場活動，請參加者分享祕密——現場公開分享。「我很擔心那場活動會徹底失敗，因爲我認爲讓那些祕密有力量的，是部落格的匿名性。」華倫說。可是，他根本不需要擔心。

在一場於大學舉辦的活動中，一名教授走到麥克風前面坦承道：「我這學期的每一堂課都是吸了大麻以後才去上。」震驚的聽眾擁抱了她。「聽眾也經歷了情緒的劇烈起伏。所有人都對別人展現了難以置信的支持。有時候，我們雖然無法支持別人的祕密，還是可以支持對方分享祕密的勇氣。」華倫解釋道。

那些現場活動吸引了數百人、有時甚至是數千人前來分享祕密，以及聆聽別人的自白。「在那些活動中，人與人連結在一起的速度快得難以置信，彷彿祕密就是所有人找尋已久的那道通往人際連結的大門。」華倫說。他在簽書時，經常注意到排隊的人很快就建立友誼，互相交換連絡資訊。祕密成了把陌生人變成好友的催化劑。

他觸及了我所謂的脆弱效應。「分享自己最脆弱的經歷，是一項非常勇敢的舉動，可以傳達與對方的親密感，從而建立長久的關係。」華倫說。

相對於隱藏，揭露不僅讓人如釋重負，也會爲聆聽我們揭露祕密的人帶來相同的感受。「許多人一旦透露了自己的祕密，才發現不是他們在保守祕密，而是祕密保守了他們。」華倫說。人都會忍不住爲我們認爲自己擁有的限制與缺點感到沮喪，所以試圖隱藏。我們害怕別人會看見我們醜陋的部分，並評判我們，因此不敢和人建立連結。我們沒有意識到，**祕密不會阻礙連結，而是能夠促成連結。**

華倫看見了我們最私密的擔憂當中的模式。想知道他最常收到的祕密是什麼嗎？「我們最常收到的明信片是：我會在淋浴的時候尿尿。」華倫說，「第二常見的祕密則是關於歸屬感。有人想要找尋自己可以歸屬的社群，有人被自己的社群排擠——看起來每個人似乎都想找到一個人或一個群體，可以讓他們再也不必有任何祕密。」

華倫閱讀了陌生人寄來的數千個祕密，一再看見相同的故事：我們想要獲得歸屬感，想要以自己本來的面貌被接納。諷刺的是：**我們害怕自己的祕密會導致別人不接納我們，但分享祕密往往是獲得接納最快的方式。**

繼續談下去之前，我要先清楚表明一點：這一章的目標不是要你對任何一個願意聆聽的人坦承你的祕密。那樣做既可怕又尷尬。我想告訴你的是，你不需要因為你與人的互動中存有祕密而覺得壓力沉重。本章介紹的密技會教你運用自己的脆弱提升你的人際關係。

祕密背後的科學

回想你最近一次長痘痘的情景。

外出時，你是不是暗自祈禱著不會有人注意到你下巴那座即將爆發的小火山？和人聊天時，你是不是滿心擔憂對方眼裡只看見你臉上那個巨大的紅腫？你是不是認定所有人都在談論你的痘痘？

我們總覺得自己的脆弱之處極度顯眼，覺得別人隨時都用放大鏡在檢視我們，覺得我們的瑕疵定義了我們。我實在不願意這麼說，但其實沒有人在乎——而且我這句話完全沒有負面的意思。

我們犯的錯其實沒有自己以為的那麼常被注意到，這種認知偏見稱為聚光燈效應。在一項研究中，康乃爾大學的心理學家湯瑪斯‧吉洛維奇與維多莉亞‧麥德維克決定為了科學羞辱學生。

首先，研究人員請學生穿上一件印有芭樂歌手巴瑞‧曼尼洛照片的 T 恤——他們之所以挑選這件 T 恤，是因為穿這件衣服有可能為人帶來最高程度的難堪。接著，他們要求每一名學生估計：一間座無虛席的教室裡會有多少百分比的人注意到他們穿的曼尼洛 T 恤。學生的估計都相當高，認為大部分其他學生都會注意到這件 T 恤（而且可能會因此取笑他們）。最後，研究人員要求受試學生走進一間教室，和其他學生一起接受一份問卷調查。結果呢？那些身穿 T 恤的受試者都大幅高估了會注意到那件 T 恤的學生人數——估計人數高達實際人數的兩倍。

研究人員因此提出這項結論：

　　大多數人心中都覺得自己極為醒目。我們每個人都是自己宇宙的中心。因為非常專注於自己的行為，我們很難精確評估自身行為被別人注意到的程度有多少。實際上，仔細檢視之後發現：我們對自身表現抱持的觀點（以及認為別人會怎麼看待我們），和別人實際上對那些表現的看法經常存在落差。

　　我們害怕的事——例如在街上跌倒、在派對上出洋相，或是在教室裡讀錯一句話——其實極少被人注意到。而且，別人就算注意到了，通常也不會記在心上。

　　這消息是不是很棒？你如果搞砸事情，或者暴露了脆弱的一面，大多數人根本連注意都不會注意到。我知道你現在心裡在想什麼：「可是，凡妮莎，就算大多數人都不會注意到，但那些注意到的少數人怎麼辦？」

　　真高興你提出了這個問題！

脆弱很迷人

　　大多數人都不會注意到你的錯誤和缺點，可是那些注意到的人呢？

　　艾略特・阿倫森、班・威勒曼與喬安・弗洛伊德等三位學者想要知道一般人對犯錯的人實際上有什麼想法。他們要求受試者聆聽一段錄音，內容是一名學生述說自己在一項考試中表現得有多好。那名學生談論了自己的背景，然後謙虛地提及自己考了 90 分。

　　接著就是這項實驗的重點所在：一組受試者會在錄音結尾聽到那名學生打翻一杯咖啡而弄髒了衣服，另一組受試者則沒有聽到這個狀況。研究人員事後詢問兩組受試者：「這個學生有多討人喜歡？」

　　你猜得到結果嗎？在受試者的評價裡，打翻咖啡的學生遠比沒有打翻咖啡的學生更討人喜歡，也更具社交吸引力。

　　為什麼？**犯錯凸顯了我們的人性。**每個人都會犯錯，而且我們喜歡和自己相似的人。（還記得「行為密技 5：弦線理論」嗎？）擁有高於一般水準

的人際能力，重點不在於表現得完美無缺，也不在於從不再犯同樣的社交失態。**擁有高人際智商的人，其實懂得善用自己的脆弱。**

脆弱如果是壞事，「明信片的祕密」絕對不可能廣爲風靡，法蘭克‧華倫不會是五本書的作者及一座祕密帝國的創始人。

而且，我們也該面對現實：**想要完美無缺非但不可能，而且也很乏味。太過努力不免顯得飢渴，長久躲藏則是太累。**

脆弱很性感──脆弱可以讓我們獲得他人的情感認同，使我們顯得坦率而眞誠。這是很迷人的事。科學也證明了這一點：「犯錯通常會呈現出他人性的一面，從而提升他的迷人程度。」

脆弱聽起來像實話，感覺起來則像勇氣。

──布芮尼‧布朗

如何展現脆弱？

我踮著腳尖站在一條瀰漫著臭味的陰暗走廊裡，腳因爲穿著高跟鞋疼痛不已，倚靠的牆壁則隨著隔壁房間那震耳欲聾的流行音樂而不斷振動。在狹小骯髒的廁所前，我排在隊伍中的第五位。

令人吃驚的是，這條潮溼的狹隘走廊其實是我的暫時避難所，讓我可以不必繼續坐在黏答答的高腳桌旁，在吵雜不已的音樂聲中拉高嗓門和我根本不熟的人說話。這是我朋友的三十歲生日派對，但她想要「像二十一歲那樣狂歡」。總而言之，我就這麼陷在我個人的社交地獄中。

我正在皮包裡找著治頭痛的止痛藥，結果剛剛在派對上見過面的一個女孩在我身後加入了排隊隊伍。「噢，」她呻吟了一聲，「不會吧，這隊伍不曉得要排上幾百年！」

現在，我有個選擇。我可以心有戚戚焉地對她點點頭，然後繼續等待，或者，我也可以坦誠內心的感覺……並且稍微表現出我的脆弱。「是啊，不曉得該說哪個比較糟糕──穿著這雙高跟鞋在這裡排隊，還是坐在外面那些桌子旁？」我說。

　　她看著我，又低頭看了我的高跟鞋，然後噗哧一聲笑了出來。「至少你沒穿塑身褲。我的腳都麻了，而且連深呼吸都沒辦法。」她說。

　　謝天謝地！總算遇到一個正常人。我回她：「可是你真的會想在這裡深呼吸嗎？這裡的味道聞起來像壞掉的啤酒。」

　　「說得好。我現在只想穿著浴袍躺在我的沙發上。」她說。

　　「等我回到家，換上拖鞋，打開網飛，我可能會喜極而泣。」我坦承道。

　　輪到我上廁所時，我們已經互換連絡方式，相約下週末共進早午餐了。當夜稍晚，我意識到這一切之所以會發生，全是因為我冒了個小險。我當時很不舒服──不論是身體上或社交上都是如此──而且不是只有我處於這種狀態。我唯一需要做的，就是尋求別人的理解。

　　活在實話中並接納自己的脆弱，不表示要對陌生人說：「嗨，我叫凡妮莎，是個康復中的彆扭症患者。」呃……這麼做當然也可以，但其實有更細膩（而且不那麼嚇人）的方法，可以讓你在生活中運用脆弱的力量。

想讓人喜歡你，就讓對方幫你一個忙

　　富蘭克林有個著名的故事──我說的不是和閃電有關的那個。這個故事遠遠沒那麼戲劇化，但一樣引人入勝。

　　在十八世紀，富蘭克林是一位深具影響力的作家與政治人物。在賓州議會工作時，富蘭克林必須爭取一名政治人物的支持，但那個人並不認同他的政策。富蘭克林可以依循典型途徑，低聲下氣地乞求他幫忙……或者，他也可以嘗試不同的做法。

　　富蘭克林是愛書人，他知道那名政客家裡的龐大圖書室收藏了一本珍稀書籍。富蘭克林寫了一封信向他商借那本書，對方答應了。幾天後，富蘭克林歸還了那本書，在裡頭夾了一封感謝函。在後續的會面中，那名政治人物就變得比先前友善得多，也更專心聆聽富蘭克林的話。富蘭克林無意間發現了一個值得注意的現象：**別人一旦幫過你的忙，就比較有可能喜歡你**。這種現象稱為富蘭克林效應。

　　一個世紀後，心理學家強·傑柯與大衛·藍迪想要確認富蘭克林效應是

不是真的有效。在實驗裡，他們告知受試者只要完成一系列問卷，就可以得到一些錢。不過，主持問卷調查的「主任」其實是個演員，收到的指示就是要在受試者填答問卷時盡可能以粗魯無禮的態度對待他們。問卷填完後，受試者就收到一小筆錢。

接下來就是有趣的部分了。在第一次實驗裡，那名假主任會跟著學生走出實驗室，然後請他們幫他一個忙。「可以請你把那筆錢還給我們嗎？我是自己掏腰包從事這項研究，而我們的資金已經快要用完了。」

在第二次實驗裡，一名假「祕書」會追上學生，向他們提出同樣的請求。

在第三次實驗裡，受試者則是可以保有那筆錢，沒有人會請他們幫忙。

幾天後，研究人員請那三次實驗的受試者為那個主任討人喜歡的程度評分。結果呢？認為那個主任最討人喜歡的，是第一次實驗的受試者。

且讓我們想想這一點：想像你自己是個學生，為了賺些零用錢而接受問卷調查。主持問卷調查的主任對你態度很差，不斷催促你動作快一點，而且問卷填完後立刻叫你走人。不僅如此，在你花了那麼多時間填答那些問卷之後，那個主任竟然還膽敢請求你歸還酬勞。你認為你會覺得他討人喜歡嗎？我可不這麼認為！但研究顯示，這種效應在現實生活中確實會奏效。

富蘭克林效應相當違反直覺——但也正因為如此，才會那麼強而有力。這種效應就是本章要介紹的密技。

行為密技 12 **富蘭克林 效應**	別怕向人尋求建議、分享自己的脆弱，或者坦承自己的缺點——這些做法可以拉近你和對方的關係。

那個主任請求受試者幫忙，承認自己的脆弱之處，因此使他顯得比較人性化，比較能夠獲得他人的情感認同。我們可以如何有效運用富蘭克林效應，而不必向遇見的每個人請求協助呢？很簡單：尋求他人的建議。

尋求建議是建立融洽關係的好方法

要和人融洽相處並建立長久的關係，尋求建議是絕佳方法。原因如下：

・**尋求建議是委婉地坦承了自己的脆弱**。尋求別人的建議時，你就是以一種眞誠而不嚇人的方式坦承自己所知有限，或者需要幫忙。

・**尋求建議可以促使別人開口說話**。還記得人有多麼喜歡談論自己嗎？尋求建議非但不會造成他人的負擔，反倒會引發愉悅感（行爲密技 3：談話火花），還可以藉機凸顯對方的長處（行爲密技 4：扮演螢光筆）。一個人如果尋求我們的意見，就顯示對方重視我們說的話。

・**尋求建議能幫助你破解對方的人格矩陣**。某人提供你建議時，你會對那個人有許多了解。你可以洞悉對方的觀點（行爲密技 7：速讀），以及對他而言最重要的事物（行爲密技 9：主要價值觀）。

尋求建議不需要很正式，實際上，這是激發引人入勝的談話最簡單的一種方式。聆聽對方講述關於自己的趣事，然後在那些方面尋求對方的建議。面試官如果提及自己熱愛閱讀，你就可以請對方推薦讀物；你的約會對象若提到她在這附近長大，就問她有哪些只有當地人才知道的咖啡廳；假如有人提到自己熱愛做菜，就詢問對方有哪些獨家的做菜祕方。

或者，你也可以藉由尋求建議展開談話。以下這些談話刺激素的效果都很不錯：

・這附近有沒有你喜歡的好餐廳？
・我今年年底想要去度假——你最近有沒有去過什麼好地方？
・我想要找一本今年夏天看的書——你有什麼書可以推薦的？
・你認爲我該送我女朋友什麼週年紀念禮物？
・我加入了一個新的夢幻美式足球聯盟——你認爲這一季的結果會怎麼樣？
・我想買一輛新車——你喜歡你現在這輛車嗎？

- 我公公婆婆要過來吃晚餐——你有什麼喜歡的食譜嗎？
- 我下週必須以一則笑話當作演說的開場白——你知道什麼好笑的笑話嗎？
- 你認為我應該為我即將來臨的生日做些什麼？
- 最近有沒有看過什麼好笑的 YouTube 影片？
- 我的大學朋友要來找我——你覺得這裡有什麼不能錯過的私房景點可以帶他去的？

如果擔心在談話或會議中遇到話題用完的窘境，可以切換到尋求建議這樣的主題。試試以下這些「無縫接軌」的說法：

1. 對了，我有件事想請教你的意見：＿＿＿＿＿＿
2. 嘿，我可不可以針對我現在這個新計畫和你腦力激盪一些點子？
3. 說到這個，你知不知道怎麼修理／改變／解決＿＿＿＿＿＿？

你會注意到，這樣轉變話題讓對方精神一振。他們會揚起眉毛，身體前傾，然後說：「哦，真的嗎？我很樂意幫忙。」我們都喜歡對人伸出援手，也喜歡別人請求自己幫忙——但願對方的建議實際上也對你有所幫助。

請記住：**絕對不要尋求你其實並不需要的建議**。脆弱的重點在於誠實，這不是一種讓人以不真誠的態度加以利用的把戲。

隨時留意尋求建議的機會

絕對不要錯過尋求建議的機會，這種機會比你以為的更常出現。

不要錯過日常生活中請人幫忙的機會。如果去別人家，我總是會接受主人為我倒的一杯水。許多人經常透過推特發送與人的研究相關的有趣連結給我，我也幾乎總是會回文感謝他們的推薦。每隔幾星期，我都會上領英接受別人給我的熱心推薦與肯定。在演說活動結束後，我經常請聽眾或會議策畫人為我寫一小段推薦文——如果我的演說讓他們聽得開心的話。

　　我可以請你幫我一個忙嗎？你如果喜歡這本書，請在各大網路書店寫一篇評論，我會非常非常感謝你的幫忙！我也鼓勵你使用可愛的表情符號。☺

　　不要害怕向人尋求簡單的建議。你可以透過電子郵件或社群媒體，以非正式的方式向人尋求建議。我經常在社群媒體上向我所有的跟隨者提出開放式問題，包括：「你喜歡這件上衣嗎？」「有誰認識出色的平面設計師？」乃至「茄子怎麼煮最好？」

　　我也會在推特上進行意見調查，以投票的方式尋求建議。以下就是一個例子：

　　不要低估不請自來的建議。富蘭克林效應的重點不只在於尋求建議，也在於接受別人向你提供的建議、幫助及支持。某人如果提供不請自來的建議，我們通常會表現出防衛的態度。然而，這其實是個機會！這是不請自來的機會，可以讓你運用富蘭克林效應的力量。

感謝之心讓富蘭克林效應加倍

　　想讓富蘭克林效應的力量加倍，就在他人提供你建議時向對方道謝，並讓對方知道你認真看待他的建議。這麼做會令人覺得受到肯定、幫上了忙，而且獲得接納。

　　這是我奶奶教我的。我奶奶熱愛自己做衣服，有一天，她打電話給我，在語音信箱裡留言詢問我的身材尺寸：「從你的脖子到腳趾，還有肩膀到手腕都不要漏掉。」我不曉得她要做什麼給我，但還是乖乖回電向她告知我的尺寸。

　　幾個星期後，她帶了一套由她客廳的舊窗簾做成的夏威夷長袍來找我。

「別擔心，」她對我說，「我幫你做的這一件開衩到膝蓋，因爲你比我年輕。」最精彩的部分是，她的布料還足夠做一條頭帶。

　　我抱抱她，向她道謝。她很開心——畢竟，她花了好幾個星期縫製這套服裝。我意識到，我如果眞的穿在身上，一定會讓她更開心。於是，我套上長袍，那一整天都穿著那件衣服。相信你一定想像得到，我奶奶開心得不得了。她堅持一定要爲我照相，而且接下來幾個星期都一直和她的朋友談論這件事。

　　現在，我只要和奶奶見面，就盡量把那件長袍拿出來穿——不然至少也戴上頭帶。

　　別怕在表達感激的方式上展現創意！我會寄感謝雜誌給人，在第一頁寫滿我對他們的感激之意。我經常寄三葉苜蓿的種子包向人表達感謝與祝福。如果請人幫我寫心得見證，我通常會把那些見證發表在我的網站上，擷取螢幕畫面，然後附在一封感謝函裡寄給對方。朋友提供建議，告訴我和我先生

該到義大利什麼地方度蜜月之後，我們不但採取他們的建議，還在旅途中拍照，並從義大利寄了附有感謝卡的迷你相簿給他們。

也別低估了基本功：**一定要寄感謝卡。**

額外訣竅：反完美

完美是個奇怪的東西。我們努力追求完美以博取他人的喜愛，卻又不喜歡太努力追求完美的人。追求完美不僅導致我們幾乎不可能與別人拉近關係，也會使我們顯得不吸引人。想要和人更快建立連結嗎？試試採用以下這些脆弱療法吧：

- 承認自己的錯誤。
- 不要假裝知道一個你其實從沒聽過的樂團。
- 請求別人的原諒。
- 如果不知道一個詞語的意思，就發問。
- 向別人道歉。
- 別怕說「我不知道」。

遵循這些規則，有助於你和人建立關係。

在那家令人難以忍受的夜店排隊等著上廁所時，我以坦誠的話語展開一段談話，因此獲得一個朋友。我著手寫這本書時，也是先從一段坦承脆弱的自白開始。希望我因此讓你成為我的讀者。

我可以把我在私人生活與職業生涯中的重大成就連結到一個一個脆弱時刻。舉例而言，我在一場研討會裡向坐在我身旁的女士坦承我完全聽不懂講者在說些什麼，她完全認同我的感覺，於是我們藉由回想以前遇過的爛講者拉近了關係。聊了一陣子之後，我才發現她是 CNN 電視台的製作總監──幾個月後，她為我開設了一段節目，讓我在電視上及專欄裡呈現我的研究。

實際上，我只要在文章裡分享一則自白或令人難堪的故事，就會有更多人閱讀、留言及分享。我坦承自身弱點，彷彿讓別人對他們自己的弱點感到

比較自在──於是他們就比較願意接受幫助。幸好，我一向樂於為讀者犧牲我自己的尊嚴。

要特別提醒的是，有些人很爛。沒錯，有些人會不喜歡你的脆弱；沒錯，有些人甚至會試圖利用你的弱點對付你。可是你知道嗎？我認為還是值得冒這樣的風險。別人對你的誠實產生的反應，立刻就能讓你知道你是不是想要將對方納入自己的生命裡。

如果有人對我在社交上的笨拙表現覺得反感，而取消訂閱我的電子郵件，他們就不可能從我的訣竅中獲益。

夜店裡的那名女子如果對我說的話翻了個白眼，我就會立刻低頭繼續找我的止痛藥。

如果有個讀者拿起這本書，而無法對彆扭的人感同身受，那麼這本書就不適合他。

總而言之，**我們都有弱點，而對的人會因為你的弱點喜歡你。**

人生的重點不在完美

我唱起歌來就像一隻失溫瀕死的貓（這個隱喻的創造過程中沒有傷害任何動物）。

於是，我一得知好友婚禮的彩排晚宴以卡拉 OK 為主題，而且我必須以「伴娘寶貝」的身分參與這項活動時，立刻上網搜尋「最簡單的卡拉 OK 歌曲」，努力在洗澡時練唱，同時內心驚恐不已。

那一晚終於來臨了。站在伴唱機前，我驚慌地轉向我先生。「他們沒有我的歌！」我悄聲說道。

我那向來淡定的先生回答：「別擔心！你可以和我一起唱我的歌。」

猜猜看他挑了哪一首歌？阿姆的〈超級大痞子〉。你有沒有試過在卡拉 OK 上唱饒舌歌曲？讓我告訴你，難斃了。那會讓人唱得舌頭打結，口水亂噴，眼睛只能呆呆地盯著螢幕看。

唱了大概兩節歌詞之後，我就完全跟不上了，只覺得丟臉不已。這時，坐在舞台邊的一名年長婦人傾過身來，說了一句至今仍縈繞在我腦海裡的話：

「別怕唱得不好，**只要投入就可以了**。重點不在歌喉。」

不曉得為什麼，這句話抹掉了我臉上的惶恐表情。於是，我高舉雙手，引導眾人隨著節奏揮舞雙臂。我做出幾個我自己認為很凶悍的手勢，接著又試著跳起霹靂舞。

大家被我逗得開心不已。他們看到我趴在地上笨拙地模仿蟒蛇舞步，開懷大笑，對我的搖滾步高聲喝采，並且熱切要求更多電流舞。我的「錯誤」顯然深具娛樂性。為什麼？因為我對他們全心投入。

我認為，這項經驗可以當成人生的隱喻。卡拉 OK 的重點不在於歌喉好不好，而在於揮灑出一首屬於你自己的歌；**人生的重點不在於完美，而在於走你自己的路。**

如同法蘭克・華倫常說的：「解放你的祕密，成為真實的自己。」

給自己的挑戰

1. 你人生中有什麼事情需要別人的建議？找個人問吧。
2. 你可以從你想拉近關係的人身上得到什麼建議？
3. 你最深沉黑暗的祕密是什麼？也許現在是分享那個祕密的時候了。你可以將祕密寫在明信片上，寄到「明信片的祕密」（PostSecret），他們的地址是：13345 Copper Ridge Rd, Germantown, MD 20874, USA

重點回顧

　　以假裝出來的完美無瑕讓人留下良好印象，非但是不可能做到的事，而且也很累人。脆弱才能真正提升關係。

・你自以為的弱點其實沒有你以為的那麼引人注意。
・就算引起別人注意，你的脆弱也會是與人建立關係的連結點。
・尋求他人的建議，藉此運用富蘭克林效應的力量。

我在本章得到最大的收穫是：

_____

Chapter 13

保護自己
如何應付難搞的人

「我被人叫罵、掛電話及發飆的次數已經數不清了，」修琦托‧岡薩雷茲說，「不過，這就是這項工作的一部分……我很愛這份工作。」岡薩雷茲在世界各地籌辦了許多獨一無二、令人難忘且不可思議的婚禮，而且她絕對會告訴你，她除了是婚禮顧問，也是臨時家庭諮商師。實際上，沒有人比岡薩雷茲更能教我們如何應付難搞的人。為什麼？因為新的愛人、龐大的預算、複雜的家族關係與出乎意料的開支組合在一起，可能讓她的工作成為全世界最棘手的人際工作。

辦過數千場婚禮之後，岡薩雷茲發現一套人際模式，而且她的觀察非常引人入勝。自尊低落的新娘通常有個直升機媽媽，強勢爸爸的女兒通常會嫁個膽小的丈夫 ── 「是不是因為她的人生中已經有了個支配性的男性？」岡薩雷茲猜想道。非常溫順的新郎通常有個固執己見的未婚妻或媽媽 ── 如果兩者皆備，岡薩雷茲就可以預見這會是一場很辛苦的婚禮。

「我永遠忘不了一個對婚宴小禮物執迷不已的新娘。她千挑萬選的豪華巧克力禮盒送來之後，她才發現和自己預期的不同，結果因此懊惱不已。」岡薩雷茲說。那個新娘痛罵了外燴廠商一頓，然後執迷的對象就換成了彩帶。

岡薩雷茲猜測這個表面現象的背後應該還有其他問題。她知道在籌畫婚禮的過程中，新娘還即將開始照顧未婚夫的孩子、辭掉工作，並且搬到市郊住宅區當起全職母親。「她的人生中同時發生了很多事情。我知道婚宴小禮物只是其他問題的象徵，於是打電話給她，對她說：『你生氣真的是為了巧克力嗎？』」

岡薩雷茲猜得沒錯。巧克力只是導火線，觸發了新娘覺得自己的人生失去控制的感受。所幸，岡薩雷茲得以找出這個情緒反應的根源。她鼓勵新娘

和即將成爲她先生的新郎好好談談，從而讓一個棘手狀況免於惡化爲無可收拾的下場。

找出社交恐懼的源頭

針對應付難搞的人，岡薩雷茲有兩項原則：

1. **避免和善的人變得難搞。**
2. **避免難搞的人變得不可理喻。**

在這兩種案例中，那些人的行爲都衍生自一個源頭：恐懼。新娘如果因爲禮服而發飆，或者岳母對外燴廠商大發脾氣，眞正的問題通常不是禮服或餐點。這種現象只是恐懼以其他面貌表現出來而已——對於未能取悅他人、對於金錢，甚至是對於婚姻的恐懼。一旦感到恐懼，我們最醜惡的一面就會抬頭。

在社交場合裡，恐懼又可能更加惡化。和別人在一起時，我們會害怕：

- ·受到評判。
- ·不被人喜歡。
- ·遇不到我們喜歡的人。
- ·被人拒絕。
- ·遭到排擠。
- ·遭到嘲笑。
- ·談笑卻沒人笑。
- ·遭人批評。
- ·被人視爲乏味。
- ·顯得彆扭。
- ·表現出失控狀態。
- ·遭到誤解。

‧遭到遺忘。

‧異於他人。

　　以上哪一項最讓你覺得有共鳴？**與人互動時，你會害怕什麼？**那些恐懼就是你心裡的妖精。

　　妖精：名詞。一種想像出來的、喜歡搗蛋的精靈，被視為無法解釋的問題或毛病背後的原因。

　　心裡的妖精會帶來社交焦慮，使我們顯得彆扭，並掩蓋我們的魅力。我們通常也看不見那些妖精。我們極少會說：「我心情不好，因為我害怕遭到拒絕。」或「我之所以罵你，是因為我深怕自己遭受批評。」

　　我常說，恐懼愛好變裝，喜歡套上不同的外衣。有時候，恐懼會導致我們：

‧努力討好別人。

‧對人頤指氣使。

‧採取防衛態度。

‧喜歡說長道短。

‧迴避與人往來。

‧顯得刻薄。

‧顯得彆扭。

‧顯得乏味。

‧顯得吹毛求疵。

‧顯得自戀。

‧否認事實。

‧太過黏人。

‧尋求讚美。

‧表現出自私的態度。

‧言行誇大。

　　看看這份清單，哪些最像是你對恐懼的反應？**你的恐懼會套上什麼樣的外衣？**

　　每個人內心都有妖精，會導致我們在不順的日子裡變得很難搞。我可以告訴你，我最大的妖精是遭到排擠、感覺彆扭，以及異於他人，這些妖精會因為各種不同原因，而在任何時間、任何地方冒出來。我如果極度緊張，手臂和雙腿還是會起疹子，所以我在彆扭的社交情境裡總是必須不斷檢查自己的皮膚狀況，祈禱我的疹子不會發作。我不喜歡喝酒，所以總是很怕成為派對上那個掃興的人——也因此經常自願擔任清醒駕駛者。我在喧鬧的空間裡很難聽得到別人說話，所以幾乎總是最晚抵達、最早離開。

　　通常，我很怕自己的本色會讓人厭煩，於是，我的恐懼就以「彆扭」表現出來。一旦處於奮力求生的情境中，我就會變得口舌笨拙，不斷講出不好笑又惹人反感的笑話，而且還停不下來。真的，我不會閉嘴。猜猜看接下來會怎麼樣？沒錯，正是我最害怕的後果——別人覺得我彆扭又奇怪，然後就把我排除在外。說來諷刺，我們的恐懼會導致自己的妖精成真。

　　我發現，我們的妖精會促使我們表現出相當容易預測的難搞行為。這些行為可分成四個種類：

類型	描述	難搞行為	妖精
掃興 範例：電影《腦筋急轉彎》裡的憂憂	非常負面，不斷抱怨，極度悲觀。	完全取悅不了	害怕遭到拒絕——於是他們就先拒絕一切人事物。
賣弄 範例：電視影集《花邊教主》裡的布萊兒·華爾道夫	愛吹噓，擺出一副比別人優越的模樣，通常自以為無所不知，總是喜歡勝過別人。	自戀	害怕遭到遺忘或低估——因此覺得必須一再證明自己。

| 消極
範例：電視影集《辦公室瘋雲》裡的陶比．弗蘭德森 | 沉默寡言，從不提問。通常無所貢獻，不然就是逆來順受。 | 缺乏存在感／毫無貢獻 | 害怕遭人批評或評判——於是藉由斷絕與別人的交流，以及不全心參與，而不讓人有任何藉口可以批評自己。 |
| 鴨霸
範例：電視影集《金裝律師》裡的路易斯．利特 | 經常脾氣暴躁，對人頤指氣使，言行誇張，而且過度情緒化。 | 言行誇張／過度反應 | 害怕失控，於是緊抓控制權。也害怕被遺忘，因此會表現出吸引別人注意的行為。 |

　　每個人在諸事不順的日子裡，通常都會落入這四種類別的其中一種。**誠實面對自己：上面這張表格裡的哪一類，看起來最像你不順遂時的表現？**

　　別擔心！你不是唯一會這樣的人，而且這也不是你的錯。你為什麼會有這種感覺，其實可以由神經學提出解釋。

恐懼背後的科學

　　紐約大學的心理學家暨神經學家約瑟夫．李竇研究了他所謂的恐懼學習，也就是人的大腦學習偵測及回應外來威脅的方法。

　　得知恐懼是由杏仁核處理，你大概不會覺得意外（別忘了，這也是大腦處理愉悅感並釋放多巴胺的地方）。李竇發現，杏仁核的恐懼反應不只有一條傳送路線，而是有兩條：一條是快速的「低層路徑」，連接視丘與杏仁核；另一條是速度較慢的「高層路徑」，同樣以視丘為起點，但會先拐個彎到新皮質，然後才通往杏仁核。

　　低層路徑：這是快速、自動且原始的恐懼反應，有助於很快地對威脅做出「反應」。低層路徑能夠幫助我們存活。

　　高層路徑：這是速度比較慢且比較講究邏輯的次要恐懼反應，有助於針對威脅進行「思考」。高層路徑能夠幫助我們成長茁壯。

　　假設你開車在路上，結果一場車禍就發生在你面前。

　　你的低層路徑立刻發揮作用——在十二毫秒內。你踩下煞車，血脈賁張，深吸一口氣，而且眼睛圓睜，以便更大範圍地觀察周遭狀況。

　　大約三十至四十毫秒後，你的高層路徑跟著啟動。高層路徑處理了你剛看見的狀況——你該報警嗎？你需要協助車禍駕駛嗎？你應該把車停到路邊嗎？

　　這種恐懼處理系統的效果非常好——大部分時候是如此。問題是，低層路徑與高層路徑各自的目標不太一樣。

　　低層路徑的目標在於保護我們的安全，使我們不受身體損傷而存活下來。

　　高層路徑則是要我們做出良好決策，幫助我們成長茁壯。高層路徑要我們擁有人際連結、繁衍下一代，並且活得快樂。

　　有時，這兩個目標彼此一致，有時則不然。「這兩條路徑不一定會得出相同的結論。」李竇表示。舉例而言，你如果害怕遭到拒絕，你的低層路徑就可能啟動威脅反應模式。一遇到不順利的互動，你就會手心出汗、臉頰泛紅，滿心想要逃跑。這樣的低層路徑反應讓人不可能表現風趣、與人建立連結，或者以放鬆自在的態度與人談話。

　　心理學家丹尼爾・高曼把這種現象稱為情緒綁架。

　　情緒綁架：你的低層路徑如果出現情緒性的恐懼反應，你就無法啟動高

層路徑，無法做出合理決定，也無法做出合乎社交利益的行為。

　　他認為情緒綁架是社交情境變得困難的原因——也是難搞的人之所以難搞的原因。

　　你心裡的妖精不只令你分心，還會迫使你進入奮力求生模式。你有沒有試過在緊張得口乾舌燥的情況下還想與人進行充滿機鋒的談話？有沒有試過在你覺得彆扭時表現出風趣幽默的一面？想要這麼做幾乎是不可能的，因為你原始的低層路徑拖慢了你聰明的高層路徑。

　　「情緒系統通常會壟斷大腦資源。情緒控制思緒比思緒控制情緒容易得多。」李寶解釋道。

　　來自你過往記憶的觸發因素，也可能對你造成制約效果，導致你對小事產生恐懼的反應。假設你在八年級的畢業舞會上向你的暗戀對象邀舞，卻遭到她不留情面的嘲笑。你記得她的朋友指著你吃吃地笑，你則是無法克制地滿臉通紅。你開始渾身冒汗，呼吸急促（低層路徑）。你不曉得該怎麼辦，於是衝出禮堂，躲進廁所裡，決定在裡頭待到舞會結束（高層路徑）。

　　成年之後，你只要走進燈光昏暗、音樂震耳欲聾的夜店向女子邀舞，低層路徑就會啟動。你的低層路徑認得這種情境——也記得上次事情進展不順利的經歷。於是，你甚至還沒開口對那名女子說話，就已經開始冒汗、臉紅、呼吸急促。你的低層路徑對你說：「快跑！」「躲進廁所裡！」「不要和她說話！」儘管高層路徑叫你接近那名女子，而且你的八年級舞會也早已是許久以前的事，你的低層路徑卻**情緒綁架了你。**

　　這就是為什麼在社交作戰策略這項密技裡，你必須找出你的奮力求生地點與活躍地點。你如果處於低層路徑的求生模式，就不可能運用人際行為密技。我要讓你身處低層路徑保持靜默的情境裡，這樣你的高層路徑才能處於掌控地位，使你展現出最好的一面。難搞的人就是沒有做到這一點。

　　我不認為難搞的人是壞人。我認為，他們只是大部分時間都被情緒綁架。難搞的人的恐懼導致他們持續處於求生模式中。此外，心裡的妖精也讓他們不可能秉持同理心與人建立連結，或者理性地妥協。

　　「我們知道許多人都擁有自己在意識上無法平和接受的恐懼。」李寶說。人的情緒完全能夠凌駕於理性之上。問題是，我們可以怎麼幫助難搞的人克

服自身恐懼，在社交上變得比較聰明？

對付難搞行為須直搗核心

有時候，神經質的人會把我逼瘋。某人心裡的妖精如果讓我應付不來，我就使出一個簡單的技巧，稱為：

行為密技 13 **直搗核心**	面對難搞的人，指明對方的情緒，理解對方的感受，然後轉變他的恐懼。

直搗核心可以防止難搞行為，也能平撫難搞行為。

這項極為有效的小密技是馬克・葛斯登博士教導的人質營救技巧簡化版——沒錯，應付難搞的人就像跟綁架犯談判一樣。就讓我們以成熟的態度面對這種問題吧。

步驟 1：指明情緒

大多數妖精都是沒有被認可、接納及聆聽而導致的結果。你可以平撫這些恐懼——透過向對方表示你確實認可、接納且聽到了他恐懼的源頭。這就是直搗核心的第一步：指明情緒。

指明情緒其實是要找出以下這個問題的答案：

這個人在害怕什麼？

一旦辨識出某人的情緒，你就是為對方的焦慮開啟了洩壓閥。聽起來很簡單嗎？確實不難，但不曉得為什麼，大多數人都覺得這種做法違反直覺。**一般而言，在某人情緒激動時，我們總是藉由保持平靜試圖抵銷對方的情緒，**

但這麼做根本沒用。實際上，這往往只會更加激怒對方。

以下是經常發生在男女之間的一個例子：

人	對話劇本	感受
女人	「我對工作上的晉升結果很不滿！沒有選我真的讓我很生氣。實在太不公平了。」	尋求男人的理解。

典型回應		
人	對話劇本	感受
男人	「是啊，不過至少你過三個月就可以再接受一次績效考核了。希望你到時候可以如願。」	試圖保持平靜。
女人	「三個月！你在開玩笑嗎？我在這家公司已經五年了——我根本不該還要等的！這基本上表示他們一點都不重視我。」	愈來愈生氣，因為她的恐懼沒有被聽見。
男人	「不會啦！這只是巧合。我不認為他們雇用她和你有任何關係。」	拜託拜託，請保持冷靜。
女人	「你是說他們完全把我給忘了嗎？你說的沒錯，他們也許根本沒考慮過我！要是真的這樣，我不如辭職算了！你都沒在幫我！」	正式被惹毛了，因而做出毫無道理的結論。

這段對話迅速升高了衝突。男人試圖幫忙，但女人並沒有想要尋求解決方案——她要的是對方的聆聽。

男人唯一要做的，就是聆聽女人話中的**情緒字眼**，亦即暗示內在恐懼的字眼。然後，他應該把這些情緒字眼也用在自己的話裡，以認可女人的擔憂，並促使她多說一點。就像這樣：

人	對話劇本	感受
女人	「我對工作上的晉升結果很**不滿**！沒有選我真的讓我很**生氣**。實在太**不公平**了。」	尋求男人的理解。

運用密技的回應		
人	對話劇本	感受
男人	「我真不敢相信他們竟然這樣對待你──真的很**不公平**。我可以理解你為什麼這麼**不滿**。」	重複她的情緒字眼。
女人	「我知道我只是覺得**沮喪**。我在這家公司待了這麼久,他們卻好像**忽略**了我。我很**害怕**他們會開除我,或者再也不為我加薪。」	覺得自己被聽見了,而進一步表達內心更深處的感受。
男人	「我知道,真的很令人**沮喪**。你要是**害怕**自己會被開除,就不可能在工作上拿出最好的表現,也不可能工作得開心。」	認可對方的恐懼。
女人	「是啊,我實在沒辦法**了解**。」	感覺自己被公司誤解,但獲得伴侶的理解。
男人	「他們有沒有提出解釋,讓你**了解**是怎麼一回事?」	進入步驟 2:理解。

　　請注意,在這個版本中,男人只是單純將說話者的情緒字眼反射回去給她,試圖挖掘出她恐懼的根源。這麼做有助於男人理解實際上的狀況,也能讓女人釐清自己的情緒。當她覺得自己被聽見、被認可了,接著就會進入直搗核心的第二階段:理解。

　　我在指明情緒時,最喜歡使用的句子是:

・你看起來 ＿＿＿＿＿＿。
・你是不是覺得 ＿＿＿＿＿＿ ?
・把你的感覺告訴我。

　　要特別提醒的是,**解譯微表情對指明情緒也非常有用** ── 尤其是對方如果沒有以言語明白表達自己的情緒。指出你在對方臉上看見的情緒也同樣有效。

步驟2：理解

　　人一旦覺得自己被聽見了，其低層路徑恐懼就會逐漸消退，而開始啓動高層路徑。這麼一來，你面對的就是一個比較有邏輯、比較講理，也比較關係導向的人。

　　「理解」這個階段的目標，是找出話語背後的情緒。這時，你試著：

- ·盡可能取得最多資訊。
- ·盡可能幫助對方處理最多情緒。
- ·辨識出對方在此情境中的主要價值觀。

你要找到的是以下這個問題的答案：

這個人在尋求什麼？

　　且讓我們再次使用步驟1的例子。表格中會以粗體字強調暗示了女人主要價值觀的字眼，你可以運用前面學到的東西，看看能否猜出她的主要價值觀。

人	對話劇本	感受
女人	「是啊，我實在沒辦法**了解**。」	感覺自己被公司誤解，但獲得伴侶的理解。
男人	「他們有沒有提出解釋，讓你**了解**是怎麼一回事？」	進入步驟2：理解。
女人	「沒有，他們今天在會議上**毫無預警地**宣布結果，而且是在**所有人面前**這麼做。我敢說，當時會議上有一半的人都轉頭**看我**，因為是她得到了**我原本希望獲得的職位**。」	回憶內心的妖精冒出頭的那一刻。
男人	「你認為他們下星期會**告訴你更多訊息**嗎？或者至少**向團隊解釋**為什麼是**她獲得晉升**？」	尋求理解對方內心的妖精及恐懼。

女人	「我的意思不是現在一定需要獲得晉升，只是覺得自己很**狀況外**而已。我要是**知道**自己排在某個晉升順序裡，那就沒問題。我只是覺得自己好像**什麼都不知道。**」	辨識潛藏的恐懼。

　　根據她的回答，聽起來她的主要價值觀似乎是資訊或地位。假設男人問了更多問題，而確認她的主要價值觀是資訊──這可是關鍵資訊！想要立刻獲得晉升是一回事，但純粹想知道自己是否**值得**獲得晉升，以及公司的晉升是否有特定時間表，又是非常不一樣的目標。這時就該進行直搗核心的下一步：轉變。

　　我在試圖理解時，最喜歡使用的句子是：

　　・跟我說是什麼事情讓你產生這種感覺？
　　・你這麼 ＿＿＿＿＿＿ 的原因是？
　　・是什麼原因導致這種 ＿＿＿＿＿＿ ？

步驟 3：轉變

　　一個人一旦完全處於高層路徑的情況下──他的恐懼已經被解除，也透過述說釐清了問題──你就可以開始把問題轉變為解決方案。

　　請注意：在徹底完成指明情緒與理解階段之前，絕對**不要**試圖進入轉變這一步。對方說話的嗓門如果還是很大，或者眼眶含淚、情緒激動，表示他還沒把情緒處理完畢。

　　對方如果大大嘆了一口氣而放鬆下來，開始以普通音量說話，並且聽起來比較恢復正常了，你就可以往下進行。在轉變這個階段，你有兩個選擇：速讀或使用對方的賞識語言。如果你可以提出答案或促使對方找到解決方法，當然更好！

　　如同許多問題一樣，有時對方遭遇的問題也無法徹底被「解決」。這麼一來，最好的做法就是進入賞識語言模式。這樣你至少可以表達你的重視之

意，讓對方覺得不那麼孤獨。

在這個階段，你要回答的問題是：

這個人需要什麼？

回到先前的例子，以下就是步驟 3 的執行方式。

人	對話劇本	感受
女人	「我的意思不是現在一定需要獲得晉升，只是覺得自己很**狀況外**而已。我要是**知道**自己排在某個晉升順序裡，那就沒問題。我只是覺得自己好像**什麼都不知道**。」	辨識潛藏的恐懼。
男人	「你要不要寄一封電子郵件給你的上司，要求下星期召開會議**釐清**這件事？」	進入步驟 3：轉變。
女人	「也許吧。我可以要求她和我一起**討論**我下一季的目標。」	思考如何滿足她的主要價值觀。
男人	「是啊，我們甚至也可以針對你目前的工作為她**準備相關資訊**，也許她會因此向你**說明**她那一方面到底發生什麼事。」	幫助她滿足她的主要價值觀。
女人	「這主意不錯。」	覺得問題可以被解決。
男人	「當然囉！嘿，看到你這麼不開心實在讓我很難過，他們不懂得賞識你真是頭殼壞了。我們這個週末可以做些什麼讓你心情好一點？」	成功！他已使她恢復平靜，並開始思考接下來的步驟。

在這個情境裡，男人不僅在棘手狀況下平撫了女人的惡劣情緒，也成了她的支持力量。**你一旦指明、理解並轉變了別人的困境，你就會成為他們的盟友。**

針對轉變，我最喜歡使用的句子是：

· 我能幫什麼忙？
· 有什麼事情可以讓你的心情好一點？

．我可以扮演什麼角色，讓這件事有所改善？你可以扮演什麼角色？

直搗核心的重點不在於試圖改變他人——這麼做通常只會讓對方更強化自己的不良行為——而在於重視對方，並針對問題提供更深入的理解。**你無法和感受爭辯，但你可以承認那種感受的存在。**

當你對難搞的人表達重視之意，他們就不會再那麼冷淡、憤怒、害怕，而是會變得比較有同情心，比較能夠理解，也比較開放。然而，你不免會遇見某些即使對最有同理心的策略也無動於衷的難搞之人，他們的恐懼極為根深柢固，以致根本無法溝通。我稱這種人為毒型人物——而且不是小甜甜布蘭妮唱的那種令人迷戀的毒，而是像放射線或致命毒物那樣的毒。

資訊補給站

可惜，大多數人的生命裡都不免會有一個毒型人物。我們在推特舉辦的意見調查中，73% 的作答者都說他們的生命裡就有這樣的人。

Vanessa Van Edwards ✔
@vvanedwards

【意見調查】你的人生中有沒有一個毒型人物？

73% 有
27% 沒有

139票・最終結果

額外訣竅：如何拒絕毒型人物

毒型人物總是不斷讓你陷入低層路徑的求生模式。這種人會測試你的底線、挑戰你的價值，甚至可能藉由喚醒你內心的妖精，把你的活躍情境轉變為奮力求生情境。**毒型人物不值得你花費精力。**

不過，許多人對於拒絕他人都有低層路徑的恐懼。我們之所以答應人家，經常是出於習慣，或是因為設定界線這件事令人害怕。或者——面對現實吧——也可能是因為我們認為自己不值得我們挺身捍衛之。

現在該允許自己拒絕那些耗盡你精力的毒型人物了。你值得依照自己設定的條件，和你喜歡的人互動。**當你拒絕錯誤的人際關係，就是在騰出空間接受對的關係**。以下就是拒絕他人的方法。

步驟 1：保持謙卑

拒絕他人不等於不知感激。你可以設定界線，並在不冒犯任何人的情況下說「不」。

- ·「真謝謝你找我。」
- ·「你真好，願意提出這樣的建議。」
- ·「這點子真吸引人。」

步驟 2：不要含糊其辭或猶豫不決

別拐彎抹角。你只要猶豫或動搖，毒型人物就會察覺你的脆弱，而試圖改變你的心意。說話要簡潔清楚。

- ·「真抱歉，我沒辦法加入。」
- ·「我沒辦法和你們一起聚。」
- ·「我不能去。」

步驟 3：不找藉口

這是最重要的一步！你不必為自己的感受辯護、爭論或解釋。沒錯，你不需要給理由。實際上，你一旦提供解釋（就算是合理的解釋），聽起來就會像是藉口。此外，提出理由也會讓毒型人物找到機會和你爭辯——相信我，他們絕對會和你辯。毒型人物不喜歡別人對他們設定界線。

當你試圖向毒型人物提出理由（不論是真實或編造的理由），就會發生下面這些狀況：

- 毒型人物：「你必須參加另一場派對？別擔心，過來露個臉就好了！」
- 毒型人物：「你很忙？我也很忙啊——我只會占用你二十分鐘。反正你一樣要喝咖啡嘛，對不對？我只要和你見個面聊聊近況就好。」
- 毒型人物：「別怕累，那些飲料一定會讓你精力滿滿！」

要特別提醒的是，**如果你沒辦法當面拒絕，就請對方給你一點時間考慮這項邀約**。說你必須看看你的時間表，過幾天就會回覆。你也可以透過電子郵件或簡訊回覆，以便仔細挑選用詞——有時候，面對面很難做到這一點。經過練習，你對於「拒絕」這件事就會愈來愈自在。

選擇性步驟：提出更好的建議

你若收到一項你不太喜歡的邀約，有時可以回過頭提出另一項邀約。舉例而言，我有個朋友邀請我參加她在撞球場舉辦的生日派對。我知道那個場合不適合我，也不是和她談論近況的好方法，於是，我提議那天早上和她共進早午餐。結果，這個做法對我們雙方都比較好，因為我和她得以真正好好聊聊。

你可以說：

- 「我沒辦法和你吃晚餐，但我們一起去喝杯咖啡吧。」
- 「見面沒辦法，但我們可以在電話上聊。」
- 「抱歉，我沒辦法參加派對。我可以明天和你一起吃早午餐嗎？」

我知道拒絕是很困難的事，但這樣可以讓你成長。

有時候，農夫必須放火燒田，才能種出健康的作物。火是生態循環中很自然的一部分，舊作物的殘餘和雜草必須消除——他們把這種做法稱為控制性焚燒。

你需不需要展開屬於你自己的控制性焚燒？清除雜草可以創造出更多生長空間。

　　對修琦托‧岡薩雷茲而言，學習拒絕他人是她職涯成長過程中最困難的一部分。「你想要幫助每個人，但不是每個人都可以被幫助。」岡薩雷茲說，「這份工作讓我學會如何**不要**努力討好所有人。我不以他人的讚美或要求衡量自身成就，我有我自己用來衡量『卓越』的標準，也會堅守立場。如果我覺得某人沒辦法接受這一點，就不會和對方合作。」

　　你可以決定要讓哪些人在你的生命中扮演一個角色。別忘了做出明智的選擇。

給自己的挑戰

1.想出你生命中最重要的五個人。他們心裡的妖精是什麼？
2.認真檢視自己：你心裡的妖精是什麼？那些妖精通常會套上什麼樣的外衣？
3.有沒有一個毒型人物，是你必須從生命中慢慢放走的？

重點回顧

　　每個人都有自己的社交恐懼。當你藉由尋求理解對方的恐懼而處理了那份恐懼，就能把問題轉變為解決方案。這樣做可以讓你在最難搞的人眼中成為他們的盟友。

・確認你的社交恐懼會套上什麼樣的外衣。
・指明恐懼，理解情緒，並加以轉變。
・面對毒型人物……就對他們說「不」吧。

我在本章得到最大的收穫是：

_____

Chapter 14

吸引

如何令人心花怒放

「我的偶像要來吃飯。」我一面對我先生說，一面慌亂地準備晚餐、打掃家裡，並且盡力把自己打扮得人模人樣。暢銷書《誰說人是理性的！》作者、行為科學天王暨 TED 演說明星丹·艾瑞利即將在三十分鐘後到我家……我緊張得快瘋了。

幾個月前，艾瑞利找到我的電子郵件地址，寄了一封簡短的信給我，說他很喜歡我的 YouTube 影片。我開心得尖叫、短暫昏厥，並且克服了一長串無法控制的打嗝之後，終於寫了一封條理清晰的回信，甚至提及我當時正在做的一些新研究。於是，我們展開了一段宅宅的友誼。現在，艾瑞利和他太太正好到波特蘭來，便順道來我家吃晚餐。

艾瑞利和他美麗的太太蘇米一走進門，我整個就被迷住了。不過，我很快就意識到艾瑞利不是要來讓我們對他驚豔，而是來學習的。在我們享用開胃菜、晚餐及兩瓶紅酒的過程中，艾瑞利提出許多問題。他沒有談論自己開創性的成果與研究，而是溫和又充滿好奇心地把焦點放在餐桌周圍的其他人身上——我先生的工作、他太太的意見、我的目標。到了那個晚上的尾聲，我已飄飄欲仙。那一夜的相處令我如沐春風——但與艾瑞利專業上的榮耀或名氣完全無關，而是因為他待人的獨特方式。

艾瑞利有非常強烈的好奇心。這點不只可以從他的作品看出來——他寫了四本書，還發表了五場 TED 演說，觀看次數超過一千三百萬——也顯現於他平日與人的互動中。**他真誠的好奇心使得他極度吸引人。**

艾瑞利充滿好奇的天性，是他這麼成功的原因——至少是部分原因。他決定踏上這條職業道路，就是受到此一天性影響的結果。十七歲那年，艾瑞利不小心引發一場爆炸，導致他全身有 70% 的面積被灼傷。在長達幾個月的

時間裡，他接受了極度痛苦的手術與皮膚移植。在這段過程中，他面臨最可怕的折磨：拆除繃帶。

你有沒有過必須撕下貼了許久的 OK 繃的經驗？你可以快速撕下來──這樣會造成短促但劇烈的疼痛。或者，你也可以慢慢剝──這樣的疼痛比較沒那麼劇烈，但會持續比較久。「我那一科的護士認爲正確做法是快速撕下來，所以他們會抓住我，一把將繃帶撕下來。但由於我全身上下有 70% 被灼傷，因此花了大約一個小時。」艾瑞利回憶道。

出院之後，艾瑞利隨即進入特拉維夫大學就讀，開始針對疼痛、忍受力與減輕痛苦進行實驗。「做完實驗後，我發現那些護士錯了。」艾瑞利說。

實驗結果顯示，把患者的痛楚降到最低的最好方法不是迅速撕下繃帶，而是放慢速度，降低疼痛的程度。「我的護士根本不曉得這一點。」艾瑞利解釋道。他們對自己的見解很有自信，到了非理性的程度──儘管證據擺在眼前。

這簡單又強而有力的發現，是艾瑞利眾多發現中的第一項。他藉由把看似非理性的行爲變得可以預測，而建立一門事業。他以自己獨特的好奇心吸引別人，而他愛好鑽研的個性也爲他帶來莫大的成就。

我們可以怎麼採用艾瑞利的做法？在最後這項密技裡，就讓我們找出這個問題的答案吧。

受人喜愛背後的科學

什麼因素會讓一個人受人喜愛？哥倫比亞大學的研究人員意外發現，受喜愛的程度和美貌、運動能力、智力或幽默感無關，而是受到某些大腦模式影響。說得精確一點，**廣受喜愛的人比較理解別人受喜愛的程度。**

諾姆‧傑魯巴維和他的研究團隊要求兩組學生受試者以受喜愛程度爲彼此排名。接著，他們讓每個受試者躺進腦部掃描機器裡，再對他們閃現他們剛剛排名過的群體成員的照片。研究人員在其中混進幾張假照片，學生必須立刻按下按鈕，指出閃現的是眞照片或假照片。

他們發現，不論其本身受喜愛程度如何，所有受試者只要看見自己群體

裡廣受喜愛的人，大腦的酬償中樞就會比較活躍。簡單來說，**廣受喜愛的人真的會讓我們感到開心**。也許這就是為什麼大家會這麼喜歡看電視上的名人。

不過，這項研究最值得注意的部分是：廣受喜愛學生的大腦反應，和其他人大為不同。最受喜愛的受試者看見其他同樣廣受喜愛的學生時，出現的神經反應比其他人都要大，尤其是在大腦的「社會認知」部位。換句話說，**廣受喜愛的人比較理解社交訊號、社會階層與人際關係──也比較重視這些方面的線索**。

此外，廣受喜愛的學生對自己的社會地位也比較有知覺，對自己有多受人喜愛的猜測較為準確。這項研究指出，廣受喜愛的人之所以受歡迎，是因為他們喜歡試著了解周遭人的想法與感受。

現在，我了解和艾瑞利共進那一頓晚餐時發生什麼事了──他理解我的能力徹底影響了我。他的**思考**方式改變了我的**感受**。首先，老實說，他舉世聞名的社會地位刺激了我大腦的酬償中樞；接著，他想要理解我的渴望又讓我的社會認知系統興奮不已。

這就是令人心花怒放的方法。**要讓人對你留下深刻印象，不是藉由提及自己獲得多少榮譽、成就或獎項，而是應該打開對方大腦的酬償系統**。

有個好消息要告訴你：不論你受歡迎的程度是高是低，任何人都可以學著提升自己的社交理解能力。

社交同調

在我的成長過程中，有三個字總是令我背脊發涼：體育課。對青春期前那個彆扭的我而言，體育課是痛苦的根源。只要走進瀰漫著汗臭味的更衣室換衣服，我的心臟就會開始跳個不停。我總是偷偷摸摸地換裝，深怕被人看見我的裸體，同時竭力找尋各種藉口，以逃避每天的訓練活動及躲避球。被紙割到？被頭髮刺到？世界末日？什麼藉口我都試過。

回顧那段時期，我現在已經了解，我其實喜歡到戶外玩耍。我真正害怕的是教練說這句話的時候：「所有人排隊，我們來分組！」

班上兩個運動細胞最發達的孩子總是會被選為隊長，然後我只能在接下

來那漫長的幾分鐘裡看著他們挑選班上其他所有人，最後才會選上我和臭臭馬修——另一個和我一樣缺乏運動細胞的同學。後來有一天，我的小學社交生活改變了：教練決定讓新來的轉學生擔任隊長。她剛從附近一所學校轉過來，班上一個人都不認識。在我體育課歷史上最重要的一刻，她竟然頭一個就挑了我！

我興奮得跑到她身旁，在她挑選其他隊員時一直牽著她的手。我們那天踢足球好像輸了，但我開心至極。比賽結束後，我問她為什麼第一個選我，結果她對我說了我這輩子聽過最中聽的一句話：「因為我想認識你。」

人總是迫切希望被他人認識與理解。我們喜歡覺得別人了解我們，喜歡覺得有人站在我們這一邊，喜歡覺得有個群體希望我們成為其中的一員。**讓人產生這種感覺就叫作同調——這是最沒有被充分利用的一項社交技能。**

與人同調時，我們比較能夠接納並意識到周遭的人。同調的重點也在於和對方互相調適或調和。這是本書提供的最後一項密技。

行為密技 14 **同調**	藉由讓人感覺自己被需要、被喜歡、被理解，而令對方心花怒放。

我們經常滿腦子都專注於自己的心思、事務及目標，以致忘了與對方的感受、需求及價值觀取得協調。

要特別提醒的是，這是**唯**一應該選擇性運用的行為密技。這是一項極為強大的建立連結工具，因此只該運用在你真正想要建立深厚連結的人身上。

以下是同調這項密技的運作方式。

步驟 1：互惠

史丹福大學的學者范恩‧斯隆研究了北加州各郡 2437 名高中學生的社交技能。他想要知道，哪些社交技能可以預測一個人是否會受到同儕喜愛。

　　首先，他發現廣受喜愛的學生通常比較樂觀開朗，自述的整體快樂程度也比較高——這點並不令人意外。不過，接下來的結果就比較引人注意了：他發現，**最廣受喜愛的學生喜歡的人也最多。**受歡迎的學生藉由比較高的友善性與微笑展現自己對別人的「喜歡」。「對女性而言，每一天的微笑次數比外貌的迷人程度更有助於讓她們受人喜愛。」斯隆寫道。一名學生對同學微笑的次數愈多，同學對他報以微笑的次數也愈多。那名學生的微笑會讓同學**覺得自己受到喜愛**，於是，他們也因此更喜歡那名學生。**一個人如果很明顯喜歡和我們相處，我們往往會比較喜歡和這個人相處。**

　　在社會心理學中，這種現象稱為互惠效應。我們喜歡喜愛我們的人。此外，我們也覺得自己必須以別人對待我們的方式回報對方。所以，如果有人對我們微笑，我們就會報以微笑；如果有人向我們提問，我們就覺得自己必須回問對方；如果有人和我們分享一個脆弱之處，我們就覺得自己也必須和對方分享一個脆弱之處。你在本書學到的每一項密技，都是為了運用互惠效應。

　　·**行為密技 1：社交作戰策略**：當你拒絕奮力求生情境、擁抱活躍情境時，就會鼓勵別人也以適合他們的方式與你互動。

　　·**行為密技 2：三項武器**：當你表現出信任他人且充滿自信的肢體語言時，就會激勵對方也更信任你，且更有自信。

　　·**行為密技 3：談話火花**：當你以談話火花打破社交劇本，就會促使對方以相同的方式回應——亦即講述比較有意思、比較令人興奮的趣事。

　　·**行為密技 4：扮演螢光筆**：當你凸顯別人的長處時，不僅會激發對方最好的一面，也會鼓勵對方看見你最好的一面。

　　·**行為密技 5：弦線理論**：你在尋找相似點的弦線時，就是在激發對方和你一同尋找「我也是」。

　　·**行為密技 6：解譯微表情**：當你理解並回應別人真實的情緒時，就會促使對方坦率以對，並且也理解你的情緒。

　　·**行為密技 7：速讀**：當你尊重別人真正的人格傾向，就是在告訴對方你希望被怎麼對待。

　　·**行為密技 8：運用賞識語言**：盡力賞識別人的本色，就是在教導對方

如何眞正關懷他人——於是對方就能夠以同樣的方式對待你。

　　·**行爲密技 9：主要價值觀**：當你讓對方知道你重視他，他往往就會比較尊重你的主要價值觀。

　　·**行爲密技 10：故事堆疊**：你分享愈多精采、詼諧、巧妙的故事，別人就會愈想和你分享他們的故事。

　　·**行爲密技 11：賦予所有權**：你愈是賦予別人力量，別人愈會把你視爲領導者。

　　·**行爲密技 12：富蘭克林效應**：你愈脆弱，別人和你相處時也會愈脆弱。

　　·**行爲密技 13：直搗核心**：你冷靜而直率的溝通方式，不但會平撫對方的情緒，也讓他知道如何直率地與你溝通。

　　·**行爲密技 14：同調**：你愈顯示出對某人感興趣，對方也會對你愈感興趣。

　　想要受人喜愛，關鍵在於：喜歡更多人。和自己喜歡的人共處時，請刻意運用互惠效應：

- ·在電話交談的開始與結尾說：「我眞高興你打電話來！」
- ·在電子郵件的開頭與結尾寫道：「我眞高興收到你的信！」
- ·在互動的開頭與結尾向對方表示：「和你相處眞是愉快！」
- ·在午餐、派對及研討會上邀請別人和你坐在一起。
- ·某人如果加入你的群體、餐桌或會議，請讓對方覺得受到歡迎。
- ·某人如果要從你的群體、餐桌或會議離開，記得向對方道謝，說你很感激他的陪伴。

　　容我多嘴再提醒一次，這個做法只該運用在你眞正喜歡且心存感激的人身上。同調絕對應該發自眞心。

步驟 2：歸屬感

　　歐普拉在擔任電視節目主持人的許多年間訪問了數千人，她從那些經驗當中學到了什麼？

所有人都有個共同的渴望：希望受到重視。不論你是托皮卡市
的一名母親，還是費城的一名商務人士，每個人在內心深處都渴望
被愛、被需要、被理解、被肯定──渴望和人擁有親密的連結，讓
我們覺得更有活力，也更有人性。

對於遇見的人，我們能夠送給他們最好的禮物，就是幫助他們覺得自己
的本色被接納了。我小學的那個朋友挑選我成為她的隊員，就是我最早感覺
自己獲得接納的其中一次經驗。她說她想要認識我時，我終於覺得有人聽見
了我。我們後來成為最好的朋友，每天午餐時間都坐在一起吃飯，我才終於
覺得自己有所歸屬。

歸屬感為什麼這麼重要？要談論人，就很難不提及馬斯洛非常經典的需
求層次理論。馬斯洛認為，所有人都有五項基本需求，這些需求必須獲得滿
足，人才能成長茁壯。這五項需求如下：

基本的食物和居住需求獲得滿足之後，人就會開始渴求人際關係的滋
養。我們如果真的關心別人，就可以藉由幫助他們滿足頂端三個領域的需求，
與他們同調。

愛／歸屬：
- 尋求及善用彼此的共同點，向對方證明你是盟友（行為密技 5）。
- 了解對方的人格特質，並尊重對方想要的互動方式（行為密技 7）。
- 找出並迎合對方的賞識語言（行為密技 8）。

尊重：
- 向對方提出有意義的談話刺激素，詢問對方是什麼樣的人，以及他對什麼事物懷有熱情（行為密技 3）。
- 對他人抱持高度期望，並找出他們最好的一面（行為密技 4）。
- 致力於解譯對方的真實情緒，並激發真誠的互動（行為密技 6）。
- 展現自己的脆弱，並支持對方誠實表達自己的恐懼和憂慮（行為密技 12）。

自我實現：
- 找出對方的主要價值觀，並幫助他實現（行為密技 9）。
- 賦予對方力量，讓他個別訂做自己的想法與行動，並透過提出理由，為對方提供目的（行為密技 11）。
- 找出對方難搞行為的源頭，並幫助他解決問題，而不是評判他（行為密技 13）。

隨著你的社交技能逐漸進步，你也在幫助你關心的對象滿足自身需求。

步驟 3：好奇心

艾瑞利把充滿創傷的痛苦經驗轉變為學習機會。他沒有因為撕繃帶的痛苦回憶而自憐自艾，反倒因為這段回憶而產生好奇心。他想要進一步了解的渴望讓他獲得與疼痛有關的重大突破性發現，因而幫助了世界各地成千上萬的病患、醫生與護士。好奇心具有療癒效果。

你如果像我一樣，那麼你可能也有非常痛苦的社交經驗。也許你在學校裡曾經被欺凌，也許你直到今天仍然覺得被同儕排擠。

　　加州大學洛杉磯分校的研究人員發現，身體疼痛與社交上遭受排斥會啓動大腦的同一個部位；換句話說，被人排擠時，我們會覺得好像身體受到傷害。

　　我們在推特上詢問大家何者比較痛：手臂斷掉，還是被甩？只有 24% 的人回答手臂斷掉，76% 的人都說被甩比較痛。既然如此，我們要怎麼保護自己免於在社交上受到排斥而導致的痛楚？我認為，好奇心是萬靈丹──也是吸引人的絕佳技巧。

・當你對共處的人感到好奇時，就比較容易想出談話刺激素。
・當你對某人的動機感到好奇時，就比較容易解譯對方的人格矩陣。
・當你對自己的人際互動感到好奇時，就可以找出模式，讓自己下次做得更好。

　　每一次互動都是更加了解自己、了解與你共處的人的機會。**對人感到好奇，是讓對方知道你喜歡他的絕佳方法。**

　　我最喜歡用來激發自己好奇心的一個方法，就是進行我自己的迷你社交實驗。現在，輪到你以自己的方式運用我教你的行爲密技了。

　　以下提供一些迷你實驗的點子：

　　・你最常使用的談話刺激素是什麼？在往後的幾個星期嘗試若干談話刺激素，然後挑出最喜歡的一個，日後主要使用它。

　　・你在社交作戰策略中最喜歡的最佳打擊點是哪裡？試著分別站在三個最佳打擊點，然後挑出最適合你的一個。

　　・你最喜歡的故事是什麼？在這個週末，試著從你的故事堆疊裡挑幾個故事說給朋友聽，看看哪一個獲得的反應最熱烈。

　　你最喜歡哪些行爲密技？列出你最喜歡的三個，並且爲每個密技想出一個迷你實驗：

行為密技：_____
迷你實驗：_____

行為密技：_____
迷你實驗：_____

行為密技：_____
迷你實驗：_____

　　如果想要更多點子，就去看看每一章結尾的「給自己的挑戰」與「重點回顧」。閱讀那些重點，以及你在「最大收穫」那一欄裡寫下的內容。有沒有什麼令人興奮的事物是你想嘗試的？

　　此外，你也可以想一些能夠在你生命中特定對象身上進行的迷你實驗。

　　・你想拉近關係的人： 哪個密技會讓你想拉近關係的人感到開心？在他們身上嘗試一項行為密技，藉此與他們建立連結、拉近關係，或者更加了解他們。

　　・你的搭檔： 你的搭檔有沒有足夠的勇氣和你一起嘗試一項實驗？你們能否猜出彼此的賞識語言，或者出外進行一場社交冒險，嘗試新的談話刺激素？想出一項你可以和搭檔共同進行的迷你實驗。

　　這些迷你實驗不只可以幫助你對自己、對你身邊的人產生更多好奇心，也能讓你開始啟動本書教你的所有行為密技。

　　希望你在閱讀本書的過程中都不斷問自己：「這對我會有效嗎？我有勇氣嘗試這種做法嗎？」把這些沉思轉變為一個大哉問：我可以怎麼讓這種做法對我有效？

　　好奇心是最後一章提供的行為密技的最後一步，因為**好奇心應該是你運用每一項人類行為密技背後的驅動力量。**

想要提升你的人際關係，關鍵在於你

在我與艾瑞利的某一通電話將要結束時，我問他針對想要擁有更引人入勝的互動的人，會提出什麼樣的建議。他這麼告訴我：

> 我在飛機上或研討會裡，不時會遇到鄰座的人想要找我聊聊。就算我當時沒有心情說話，我也知道我如果想要擁有一場愉快的討論，關鍵其實在我自己。我不能責怪別人不夠有趣，或者不是良好的互動對象，我對自己感興趣的程度負有完全責任。就算我和對方不一樣，我也會試著向他學習；就算我對一件事不感興趣，我也會試著以新的方式去接觸。我認為，能否擁有引人著迷的談話、互動及人際關係，責任其實在我們自己身上。

你要如何與人互動，由你作主。你有能力決定自己是不是要引人著迷。只有我們才能提升自己的人際關係——所以，就這麼去做吧！

給自己的挑戰

1. 挑出本書中你最喜歡的三個行為密技，在本週嘗試進行一項迷你實驗。
2. 對某人說你有多麼喜歡與他相處。
3. 和你的搭檔排定一項兩人共同進行的人際技能冒險活動。

重點回顧

　　不要博取別人的良好印象，而是要吸引他們。藉由向別人展現你深受他們吸引，而令他們心花怒放。「同調」的重點在於讓人可以在你面前表現出他們的本來面貌。我們真心喜歡的人愈多，真心喜歡我們的人也會愈多。

- ·藉由向對方展現你喜歡與他相處，而啟動互惠效應。
- ·幫助他人產生歸屬感。
- ·讓好奇心驅動你的人際互動。

我在本章得到最大的收穫是：

_____

〈後記〉

最重要的是實際執行各項密技

恭喜你看完了這本書！我們共同完成了許多事：

在「Part 1：最初五分鐘」裡，我們談論了如何認識陌生人、如何迅速建立信任，以及如何留下令人難忘的第一印象。

在「Part 2：最初五小時」裡，我教你如何速讀他人，以辨識對方的需求、預測對方的行為。

在「Part 3：最初五天」裡，我們探究了如何利用故事、自己的脆弱之處及「所有權」的心態，把粗淺的關係轉變為終身的友誼。只要實際運用這些行為密技，你與人的互動只會變得愈來愈好。

愛因斯坦說過：「資訊不是知識，知識的唯一來源是經驗。」閱讀本書雖然很棒，但我要你實際去體驗。翻回第 11 頁，重做一次人際智商測驗。你可以把這項測驗當成每年一次的例行檢測，以確保你沒有忘記在本書學到的資訊。

別忘了，我在這裡支持你！如果你對本書的內容有任何問題，就寫信到 Vanessa@scienceofpeople.com 給我吧。把你最喜歡的行為密技告訴我，和我分享一則故事，或者單純跟我打聲招呼也可以！我很希望收到你的訊息。

謝謝你讓我帶你進行這場人際技能冒險，並且容許我和你分享我的故事。人際技能改變了我的人生，希望你也可以獲得同樣的體驗。

祝　好

凡妮莎

www.booklife.com.tw　　　　　　　　　　reader@mail.eurasian.com.tw

自信人生 147

和任何人都能愉快相處的科學：人際智商實驗室精心研發

作　　者／凡妮莎‧范‧愛德華茲（Vanessa Van Edwards）
譯　　者／陳信宏
發 行 人／簡志忠
出 版 者／方智出版社股份有限公司
地　　址／台北市南京東路四段50號6樓之1
電　　話／（02）2579-6600‧2579-8800‧2570-3939
傳　　真／（02）2579-0338‧2577-3220‧2570-3636
總 編 輯／陳秋月
資深主編／賴良珠
責任編輯／黃淑雲
校　　對／黃淑雲‧賴良珠
美術編輯／林韋伶
行銷企畫／陳姵蒨‧王莉莉
印務統籌／劉鳳剛‧高榮祥
監　　印／高榮祥
排　　版／陳采淇
經 銷 商／叩應股份有限公司
郵撥帳號／18707239
法律顧問／圓神出版事業機構法律顧問　蕭雄淋律師
印　　刷／祥峰印刷廠
2017 年 11 月　初版
2022 年 7 月　　8 刷

定價 390 元　　　　　　ISBN 978-986-175-477-2　　　　版權所有‧翻印必究

◎本書如有缺頁、破損、裝訂錯誤，請寄回本公司調換　　Printed in Taiwan

你本來就應該得到生命所必須給你的一切美好！

祕密，就是過去、現在和未來的一切解答。

—— 《The Secret 祕密》

◆ **很喜歡這本書，很想要分享**

圓神書活網線上提供團購優惠，
或洽讀者服務部 02-2579-6600。

◆ **美好生活的提案家，期待為您服務**

圓神書活網 www.Booklife.com.tw
非會員歡迎體驗優惠，會員獨享累計福利！

國家圖書館出版品預行編目資料

和任何人都能愉快相處的科學：人際智商實驗室精心研發／凡妮莎‧范‧
愛德華茲（Vanessa Van Edwards）著；陳信宏譯. -- 初版. -- 臺北市：方智，
2017.11
288面；17×22公分. --（自信人生；147）
譯自：Captivate: The Science of Succeeding with People
ISBN 978-986-175-477-2（平裝）
1.社會互動　2.人際傳播　3.社會心理學
541.6　　　　　　　　　　　　　　　　　　　　　　　106016529